국가직 공무원 면접 특강

동영상 강의 커리큘럼

찌니쌤의
한 권으로 끝내는
공무원 면접
스피치

※ 네이버에서 나두공을 검색하세요.

1강	• 국가직 면접이란? • 면접 떨림증을 극복할 수 있는 방법 • 미흡이 아닌 우수를 받을 수 있는 꿀팁
2강	• 국가직 면접 입·퇴장 및 면접 이미지 메이킹 　- 복장, 자세, 헤어 & 메이크업 연출법
3강	• 국가직 면접 보이스 트레이닝 　- 목소리 크기와 속도, 발음 등 전달력 강화 훈련
4강	• 필수 공직가치 완벽 정리 및 기출문제 　- 공무원 헌장, 공직가치, 6대의무, 4대 금지 의무, 5대 신조, 행동강령
5강	• 국가직 공무원 면접 빈출 질문 　- 자기소개, 지원동기, 장단점, 마지막으로 하고 싶은 말 정리
6강	• 국가직 공무원 개별면접 　- 경험형(인성) 및 기출문제 　- 스토리 정리 및 논리적으로 말하는 방법
7강	• 국가직 공무원 개별면접 　- 상황제시형 및 기출문제 　- 스토리 정리 및 논리적으로 말하는 방법
8강	자기기술서(경험형) 작성법 및 기출문제
9강	자기기술서(상황형) 작성법 및 기출문제
10강	5분 스피치(공직관) 작성법 및 기출문제
11강	5분 스피치(시사이슈) 작성법 및 기출문제

※ 강의 커리큘럼은 사정에 따라 변경될 수 있습니다. 자세한 내용은 나두공 홈페이지를 참조하시기 바랍니다.

지방직 공무원 면접 특강

 동영상 강의 귀리큘럼

찌니쌤의
한 권으로 끝내는
공무원 면접
스피치

※ 네이버에서 나두공을 검색하세요.

1강	• 지방직 면접이란? • 면접 떨림증을 극복할 수 있는 방법 • 미흡이 아닌 우수를 받을 수 있는 방법
2강	• 지방직 면접 입·퇴장 및 면접 이미지 메이킹 – 복장, 자세, 헤어 & 메이크업 연출법
3강	• 지방직 면접 보이스 트레이닝 – 목소리 크기와 속도, 발음 등 전달력 강화 훈련
4강	• 필수 공직가치 완벽 정리 및 기출문제 – 공무원 헌장, 공직가치, 6대의무, 4대 금지 의무, 5대 신조, 행동강령
5강	• 지방직 공무원 자기소개서 – 자기소개서 작성법(자기소개, 지원동기, 장단점 등)
6강	• 지방직 공무원 면접 빈출 질문 – 자기소개, 지원동기, 장단점, 마지막으로 하고 싶은 말 정리
7강	• 지방직 개별면접 – 지역현안 및 기출문제

8강	• 지방직 개별면접
	  – 경험형(인성) 및 기출문제
	  – 스토리 정리 및 논리적으로 말하는 방법

9강	• 지방직 개별면접
	  – 상황제시형 및 기출문제
	  – 스토리 정리 및 논리적으로 말하는 방법

10강	자기기술서(경험형) 작성법 및 기출문제
11강	자기기술서(상황형) 작성법 및 기출문제

※ 강의 커리큘럼은 사정에 따라 변경될 수 있습니다. 자세한 내용은 나두공 홈페이지를 참조하시기 바랍니다.

국가직·지방직·서울시·경찰·소방 공무원 면접 대비서

찌니쌤의
한 권으로 끝내는
공무원 면접
스피치

김 수 진

저자_ **김수진**

학력
전남대학교 동물자원학부 졸업
숭실대학교 경영대학원 이미지경영 전공(재학 중)

약력
現. 나선희스피치커뮤니케이션즈 강사팀장 (2014. 09 ～ 現)
現. 대학교, 관공서, 기업체 교육강사 (2015～現)
現. 이미지 컨설턴트, 친절·매너 전문강사 (2015～現)
前. 전남대학교 홍보모델 (2012)
前. 미스코리아 광주 전남 美 (2011)
前. SBS 슈퍼모델 본상 및 블랙야크상 (2011)

광주지방검찰청, 광주지방경찰청, 전남인재개발원, 광주시
공무원교육원 등 30여 곳의 신규자, 중견관리자 스피치교육
뿐만 아니라 전남대학교를 비롯한 대학교, 특성화고교 취업,
입시 면접스피치컨설턴트로 활동 중이다.

엮은이_ **백수지**
KBS 방송작가 경력 8년 차

찌니쌤의 한 권으로 끝내는
공무원 면접 스피치

인쇄일 2021년 7월 25일 초판 1쇄 인쇄	**발행처** 시스컴 출판사
발행일 2021년 7월 30일 초판 1쇄 발행	**발행인** 송인식
등 록 제17-269호	**지은이** 김수진
판 권 시스컴2021	

ISBN 979-11-6215-791-6 13320
정 가 15,000원

주소 서울시 금천구 가산디지털1로 225, 514호(가산포휴) | **시스컴** www.siscom.co.kr | **나두공** www.nadoogong.com
E-mail master@siscom.co.kr | **전화** 02)866-9311 | **Fax** 02)866-9312

"면접은 생각하는 것에 그치지 않고 말로 표현하는 것이다."

먼저, 필기에 합격하신 여러분들 진심으로 축하드립니다.

이 책을 펴신다면 필기에 합격한 다음 면접에 대한 걱정 반, 두려움 반일 텐데요.

특히, 코로나19로 인해 마스크를 쓰고 면접을 보는 것 자체도 처음이고 많이 낯설 텐데요.

면접은 나에 대해서 얼마나 많이 알고, 분석하는 것이 중요합니다.

요즘은 면접의 비중이 많이 높아지고 있습니다. 국가직 면접은 5분 스피치 발표하고 자기기술서를 작성하며 말로 표현하는 면접입니다. 하지만, 스크립트 작성만 하고 스피치 연습을 하지 않고 긴장만 하다가 미흡을 받아 떨어지는 학생도 있습니다. 또, 지방직은 배수 안에 들어 합격했다고 자만한 탓에 면접은 준비하지 않고 운전면허 자격증을 취득하려다 오히려 미흡을 받는 경우도 찾아볼 수 있습니다.

면접의 결과는 아무도 모릅니다. 오히려 필기 성적의 기본만 된다면 오로지 면접만으로 우수, 보통, 미흡을 평가하곤 하죠. 실제로 필기 커트라인 점수에서도 면접을 잘 봐서 합격하신 사례를 정말 많이 봤습니다.

면접 공부도 필기 공부처럼 하세요. 필기는 범위가 정해져 있지만, 면접은 범위가 정해져 있지 않습니다.

필기 합격자 발표 후 한 달이라는 시간 안에 얼마나 나에 대해서 잘 분석했느냐, 공직관에 대한 정리와 시사 이슈를 얼마나 숙지하고 이해하느냐에 따라 달려있습니다.

그리고 면접을 준비하는 여러분들은 3가지만 기억해주세요.

1. 자신감을 가지고 이야기해 주세요.

2. 최선을 다해서 면접을 봐주세요.

3. 진정성을 가지고 이야기해 주세요.

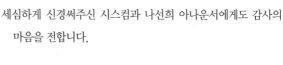

필기는 범위가 있지만, 면접의 범위는 정해져 있지 않습니다.

모든 질문을 다 준비하면 좋겠지만, 시간이 부족하다면 교재에 나와있는 책의 질문만이라도 잘 준비한다면 어떨까요? 기본만 잘 다듬고 연습하셔도 충분히 다른 질문이 나와도 연결시켜서 답변할 수 있습니다.

필기 합격하신 분들 모두 축하드립니다.

그리고 이 책을 통해서 면접을 준비하는 수많은 공무원 수험생들에게도 합격의 영광이 있기를 간절히 바랍니다. 또, 이 책이 출간되기까지 도와주시고 세심하게 신경써주신 시스컴과 나선희 아나운서에게도 감사의 마음을 전합니다.

공무원 면접 지도 10년차,
찌니쌤 김수진

광주MBC아나운서 나선희 운영 '나선희스피치센터'
전담 강사 및 프리랜서 모델, 강사, 아나운서 활동
– 유튜브 운영 (채널명 : 찌니쌤)
– 2011년 SBS 슈퍼모델 선발대회 본상, 블랙야크상
– 2011년 미스코리아 선발대회 광주전남 美

또한, 공무원 준비생들을 대상으로 국가직, 지방직,
비롯한 경찰, 소방, 군무원, 지역인재 9급 공무원 합
격생 1천명 (합격률 90%이상)

1막 인생은 참 알 수 없다. 말을 못 해서 실패한 미스코리아 출신 슈퍼모델이 이제는 말하는
방법을 알려주는 스피치 강사가 되어 있다.

10년 전, 대학교 2학년 때 미스코리아 대회에 나가 광주전남 美에 당선된 나는 그 해 슈퍼모델 선발 대회에서
는 2011 슈퍼모델 블랙야크 상을 수상했다. 그 후 인터뷰, 화보, 수차례의 촬영 그리고 SBS 예능 프로그램까
지 섭외되면서 모델계와 방송계에서 활약을 이어가는 듯했다. 하지만 오래가지 못 했다. 말을 잘 하지 못한
다는 점이 치명적인 약점이었기 때문이다. 말 한 마디 하지 않고 당당하게 워킹을 하는 무대에서는 그 무대를
씹어먹을 만큼 자신이 넘쳤지만, 입을 열면 '말 정말 못 한다'는 이미지가 각인되어 버리곤 했다. 3시간 넘게
열심히 인터뷰를 한 프로에서 통편집된 악몽 같은 경험도 맛봐야 했다. 점점 반짝일 것 같던 나의 무대는 점
점 좁아지기 시작했다. 나의 뚜렷하고 매력 있는 이목구비와 큰 키, 주목받는 몸매도 '말' 앞에서는 주목받지
못했다. 그때 '말'에 대한 무게와 힘을 그때 여실히 깨닫게 됐다.

그래서 택한 혜안이 바로 말하는 방법을 배워야겠다는 것이었고, 스피치 학원을 찾아갔다. 3개월 동안 학원에서 살다시피 하며 당당하게, 정확하게, 그리고 따뜻하게 말하는 법을 터득해나갔다. 그렇게 시작한 스피치는 어느덧 나의 새로운 길을 열어주었다.

2막 변하지 않는 면접 코칭은 단 하나! '보이는 모든 것이 메시지'

'모델'과 '공무원'이 꼭 별개라고 말할 수만은 없다. 면접은 말뿐만 아니라 보이는 모든 것이 메시지가 되는 절차이기 때문이다. 면접 준비생들의 걸음걸이부터 자세, 표정, 허리의 올곧음, 턱 당김의 정도까지 철저하게 지도할 수 있는 것도 내가 더 해줄 수 있는 코칭 중 하나다.

수많은 면접 중 특히 '공무원 면접'에 집착하는 이유도 있다. 가장 쉽기 때문이다.

즉 자신에 대한 정확한 분석과 의지만 있다면 '미흡'이 아닌 '우수'한 면접을 통과하게 된다는 것이다. 절대 그냥 하는 말이 아니다. 하지만 그렇다고 방심은 금물이다.

나는 등 떠밀려 나가게 된 미스코리아, 슈퍼모델 준비보다 더 열심히 스피치 학원을 다녔다. 그 결과 지금 10년 차 스피치 강사가 되어 있다.

여러분은 어떤가? 필기시험엔 새벽 알람을 맞춰놓고, 밥 먹으면서도 영어 단어를 외우며 영혼까지 갈아 넣은 듯 공부했다고들 한다. 하지만 그에 반해 면접 준비에서는 임하는 태도부터 다르다. 열정도, 자신감도, 노력도 부족하다.

3막 책만 읽어서 면접을 준비해...? 꼭 해야 해!

수많은 면접 준비생을 지도하고, 또 수많은 합격자와 함께 축하를 나눴다.

물론 합격하지 못한 이들도 있다. 하지만 불합격에는 분명 이유도 명확하다.

이 책에는 십수 년 동안 지도해온 면접 노하우와 스피치 방법, 준비생들의 이야기를 채워놓았다. 면접 준비에는 형식과 절차, 그리고 나 자신을 파악하고 고쳐나가기까지 정해진 틀과 과정이 있다. 책을 통해 면접을 준비하길 권하는 가장 큰 이유는 이 과정을 '예습'할 수 있고 '준비'할 수 있고 '복습'할 수 있고 '반복'할 수 있기 때문이다.

이 책을 읽기 시작한 여러분은 거의 필기 합격생들일 것이다.

이제 다 왔다. 마지막 관문만 앞에 두고 있다. 그러므로 없는 열정도 다시 끌어올려야 할 때는 바로 면접을 앞둔 지금이다!

나선희

- 나선희스피치 대표
- 前 광주 MBC 아나운서

팬데믹으로 취업 시장에도 빨간불이 켜졌다. 경제 상황이 좋지 않으니 채용의 문도 좁아졌다. 게다가 면접의 형식도 달라졌다. 듣도 보도 못한 비대면 면접까지 등장했다. 그렇잖아도 긴장되는데 이제 컴퓨터 앞에서 대화를 해야 한다. 첩첩산중 대략난감이다.

요즘 취업 준비생의 심정이 이렇지 않을까. 마스크를 쓴 채로 면접을 할 때 어떤 준비가 필요한지, 시선 처리는 어떻게 해야 하는지 등 궁금한 것 투성이일 것이다. 이런 수험생에게 이 책을 권한다. 이 책을 집어 든 순간 고민이 해결될 것이다.

작가는 현장 경험이 많은 면접 전문 강사다. 7년째 취업 전선에서 수많은 취준생과 울고 웃으며 지냈다. 수험생 각자의 개인사와 스펙은 얼마나 다양한가? 작가는 그룹형 수업을 진행하면서도 일대일로 응대한 휴머니스트 강사다. 공무원 포기하겠다며 잠수 탄 학생을 날마다 찾아가 설득해 합격시킨 일화는 스승인 나마저 감동시켰다. 선생은 그래야 마땅하지 않은가.

나는 김수진 작가의 선생이다. 미스코리아, 슈퍼모델의 화려한 전력을 가진 작가가 강사를 하겠다며 나를 찾았을 때 반신반의했다. 얼마나 가나 보자 했다. 그런데 강적이다. 하나를 건네면 밤을 새워 열을 만들어 낸 악바리다. 그렇게 7년을 꽉꽉 채웠으니 이제 내가 그를 떠나보낸다. 작가는 명산에서 하산한 전문가다. 수험생들과 밀착형 수업으로 끊임없이 소통하여 매번 합격률을 갱신하는 명강사다. 자기만의 면접 코칭 노하우로 입소문 인기 강사가 되었다. 그런가 하면 쩌렁쩌렁한 목소리를 제조해내는 보이스 트레이닝 강사로 정평이 났다. 그뿐인가. 무대에서 단련된 자세와 표정으로 면접의 기본기인 면접 매너를 제대로 잡아 준다.

면접 코칭은 매뉴얼과 스킬만으로 가능하지 않다. 면접은 한 사람의 일생이 걸린 중대한 사안이다. 진정성으로 수험생을 대하지 않으면 결과는 공허하다. 작가는 진심을 다하는 강사다. 그 진심이 닿아 합격을 이끌어 낸 것처럼 이 책도 진심으로 썼다. 그의 강사 생활이 이 책에 담겼다. 이 책 한 권에 그가 합격시킨 1천 명의 노하우가 모두 담겼다.

공무원 면접 소개

국가직 면접 진행절차

- **면접시간** : 5분 스피치(10분 내외)+개별면접(30분 내외)
- **면접위원** : 2인 1조로 구성
- **진행방식** : 자기기술서 작성(20분), 5분 발표 준비(10분). 면접 진행(5분 스피치&후속질문+개별면접)
- **운용방식** : 자기기술서는 당일 오전과 오후 직렬별로 다르게 출제. 경험형, 상황형으로 직렬과 무관하게 나옴. 5분 스피치는 당일 오전과 오후 다르게 출제
- **자기기술서 작성** : 경험형 질문과 상황형 질문(작성시간 20분) 완료 후 자기기술서 수거 및 대기
- **이동&대기** : 안내에 따라 각 조 1번은 '5분 스피치 준비실'로 이동. 나머지 인원은 대기, 30분 간격으로 조별 번호 순 이동
- **5분 스피치 준비** : 5분 스피치 주제문 배포 및 준비(직렬별). 준비시간 10분. 문제지 하단의 '메모'공간에 정리
- **면접** : 면접위원(2인) 평정표를 본인 기준 오른쪽 면접위원에게 제출 후 착석. 가지고 있는 5분 스피치를 먼저 시작하고 후속질문 포함해 약 10분 내외. 이후 자기기술서를 바탕으로 개별면접(30분 내외)

지방직, 서울시 면접 진행절차   ※ 각 지방마다 변경될 가능성이 있으니 꼭 사전에 면접 시험공고 확인 필요!

- **서울시**(면접시간 : 20분/면접위원 : 3명/5분스피치 개별면접, 인.적성),
- **경기도**(면접시간 : 15분/면접위원 : 3명/자기기술서, 개별면접, 인.적성),
- **인천시**(면접시간 : 15분/면접위원 : 2∼3명/자기소개서, 개별면접, PT면접, 집단토의, 인.적성)
- **강원도**(면접시간 : 10∼15분/면접위원 : 2명/자기소개서, 개별면접)
- **충청남도**(면접시간 : 30분/면접위원 : 3명/자기소개서, 인.적성, 개별면접, 지정도서 후 독후감 발표 2분 이후 질문)
- **충청북도**(면접시간 : 15분/면접위원 : 3명/자기소개서, 자기기술서, 개별면접),
- **대전광역시**(면접시간 : 10분/면접위원 : 3명/자기기술서, 개별면접),
- **세종시**(면접시간 : 20분/면접위원 : 3명/자기소개서, 개별면접, 인.적성)
- **경상북도**(면접시간 : 25분/면접위원 : 3∼4명/자기소개서, 개별면접, 집단토의)
- **경상남도**(면접시간 : 10분∼15분/면접위원 : 2∼3명/자기소개서, 개별면접)
- **부산광역시**(면접시간 : 10분/면접위원 : 2명/자기소개서, 개별면접)
- **울산광역시**(면접시간 : 10분/면접위원 : 2명/자기소개서, 개별면접)
- **대구광역시**(면접시간 : 45분/면접위원 : 3명/자기소개서, 자기기술서, 개별면접),
- **전라남도**(면접시간 : 10분/면접위원 : 2명/자기소개서, 개별면접)

공무원 면접 소개

● **전라북도**(면접시간 : 5분~10분/면접위원 : 2명/자기소개서, 개별면접).

● **광주광역시**(면접시간 : 10분 /면접위원 : 2명 /자기소개서, 자기기술서, 개별면접)

● **제주도**(면접시간 : 10분~15분/면접위원 : 2명/자기소개서, 개별면접)

공무원 면접의 평정요소 및 평정방법

구분		우수	보통	미흡
가. 공무원으로서의 정신자세	– 국가관, 공직관, 윤리관 등 공직자의 자질 – 봉사, 헌신, 윤리, 준법정신 – 역사의식, 헌법정신 등			
나.전문지식과 그 응용능력	– 직렬 관련 전문지식, 업무응용능력 – 지원부처에 관한 지식 – 정책 및 시사상식			
다. 의사표현의 정확성과 논리성	– 언어표현의 논리성 – 목소리 크기와 속도, 발음 – 경청 자세와 답변의 길이			
라. 용모, 예의, 품행 및 성실성	– 공직자로서의 기본 품성 – 용모, 표정, 태도, 자세, 시선 처리 – 인사, 복장 단정			
마. 창의력, 의지력 및 발전 가능성	– 문제해결 및 위기 능력 대처 방법 – 창의력 및 대안 제시 능력 – 상황 대처 능력 및 발전 가능성			

평정방법 : '우수''보통''미흡'으로 구분

우수	위원의 과반 수가 평정요소 5개 항목 모두를 '상'으로 평정한 경우
보통	그 외의 경우
미흡	위원의 과반수가 평정요소 5개 항목 중 2개 항목 이상을 '하'로 평정하거나, 위원의 과반 수가 어느 하나의 동일한 평정요소에 대해 '하'로 평정한 경우

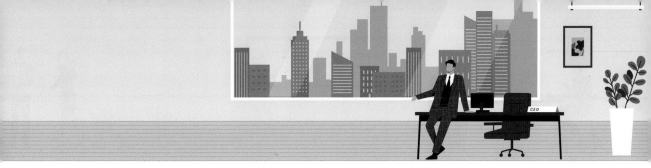

공무원 면접 운영방식 및 준비방법

공무원 면접은 블라인드 면접을 원칙으로 지원자의 최종학력, 나이, 출신 지역 등 지원자에 대한 어떤 자료도 제공하지 않고 오로지 면접만으로 지원자를 평가.

개인면접 (개별질문)

면접은 시험이 아니라 '대화'이다. 면접은 정답이 없다. 내가 가지고 있는 생각과 의견을 잘 정리해서 면접관에게 말하는 것이 중요한 포인트이다. 모든 면접에 있어서는 진정성이라는 나만의 무기를 가지고, 두괄식으로 말하는 훈련을 해보자.

자기 기술서 (개별면접과제)

자기기술서는 면접에서 활용하기 위해 작성하는 기초자료이다.
응시지역마다 자기기술서, 개별면접과제 등의 다른 명칭으로 공고된다.
보통 질문지는 1장으로 2~3개의 질문이 주어지며 약 20분~30분 안에 작성 후 제출해야 한다.
이때, 작성할 때 유의할 점은 보고서처럼 한눈에 알아볼 수 있도록 또박또박 바른 글씨로 작성하는 것이 중요한 포인트이다. 또, 추가로 나올 후속 질문에 대한 답의 방향성을 미리 생각하고 면접장에 들어가면 큰 도움이 된다.

5분 스피치 (개인발표)

면접장에서 문제가 주어지고 이를 바탕으로 발표하는 면접 형식이다.
5분 스피치의 큰 주제는 '공직관' 그리고 '시사 이슈'에 대해 발표한다. 그렇기 때문에 공직가치 9가지뿐만 아니라 신문이나 뉴스를 통한 시사, 정책에 대한 공부는 필수이다.
이 5분 스피치는 최대한 4분을 넘겨서 발표하는 것이 좋고, 발표 후 질의응답이 이뤄진다.
이때, 나열식으로 이야기를 하기보다는 키워드 형태로 뽑아서, 첫째, 둘째, 셋째로 나눠서 표현해보자. 그리고 문장을 길게 나열해서 말하기보다는 문장을 짧게 핵심만 말하는 연습을 해보자.

자기소개서

면접을 보기 전에 제출하는 서류로서, 수험생에 대해 알아보기 위한 기본 정보를 제공한다. 기본적인 질문으로는 '성장과정', '지원 동기', '장단점', '포부' 이렇게 4가지 유형으로 나눠진다. 작성할 때도 면접 스피치를 하듯 결론부터 먼저 작성하고 말하는 연습을 해주면 된다.
• '성장과정'의 질문 유형에서는 가족 이야기를 하지 말자. 가장 중요한 건 '내 이야기'이다.
• '성격의 장단점'은 장점과 단점이 똑같으면 안된다. 장점은 경험과 사례 위주, 단점은 극복 방안 위주로 작성해보자.
• '지원 동기'는 왜 공무원을 선택했는지, 그리고 왜 그 직렬인지에 대해 구체적으로 작성해보자. 그리고 마지막은 지원 동기이기 때문에 "~지원하게 되었습니다."라고 끝나야 한다.
• '포부'는 앞으로 어떤 공무원이 되고 싶은지, 본인의 비전과 함께 국민과 더불어 더 나아가 동료와 상사와의 관계를 위해서도 어떻게 노력할 것인지 기재하면 좋다.

구성 및 특징

본문

빠른 시간 안에 공무원 면접공부를 마칠 수 있도록 만들어진 단기완성용 공무원 수험서입니다. 꼭 필요한 내용만 쏙쏙 뽑아 공부하면서 합격까지 한번에 완성!

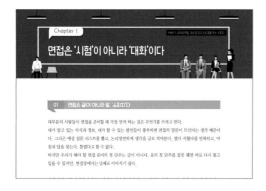

선생님의 조언

'찌니쌤의 Key Point'와 '찌니쌤의 면접정의'를 실어 면접의 핵심 포인트를 압축하였습니다. 본문의 내용을 한 번 더 되짚어보고 깔끔한 정리를 할 수 있습니다.

Tip

면접의 올바른 자세나 면접을 위해 알아두면 좋은 내용을 Tip으로 실었습니다. Tip을 참고하여 면접 답변을 정리하세요!

예시

예상문제에 대한 참고 답변을 '예시'로 수록하여 수험생들의 실질적인 이해를 돕고자 하였습니다. 참고 답변을 꼼꼼히 읽어보고 분석해보면 확실한 면접 대비 완성!

공무원 면접 기출문제

개인 특성 및 경험형, 상황형, 공직관/희망부처별 국가직과 공무원 면접 기출문제를 수록하였습니다. 면접 출제경향을 파악하고 공무원 면접에 꼼꼼히 대비할 수 있습니다.

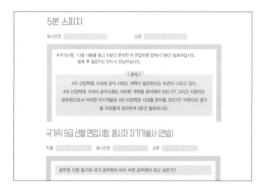

5분 스피치와 자기기술서 답변 작성해보기

면접 당일에 과제가 제시되는 5분 스피치, 작성된 자기기술서의 내용을 바탕으로 개별질문을 진행하는 자기기술서에 대한 답변을 작성해보는 란을 수록하였습니다. 면접 당일에 당황하지 마세요!

예상문제 답변 작성해보기

국가직과 지방직 외의 세무직, 관세직, 경찰직 등의 면접 예상문제에 답변을 작성해보는 란을 수록하였습니다. 직접 작성해보며 면접의 부담감을 날리세요!

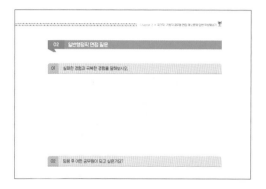

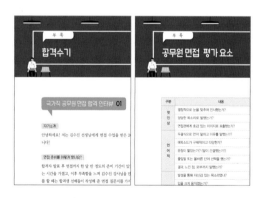

부록

김수진 선생님께 수업을 듣고 합격한 합격생들의 면접 합격 수기와 공무원 면접 평가요소를 부록에 실었습니다. 이를 통해 합격을 위해 어떤 노력을 해야 하는지 알아볼 수 있습니다.

1 PART

공무원 면접, 자신감있고 신뢰감을 주는 스피치

2 PART

공무원 면접
평정요소 및 질문 유형

CONTENTS

3 PART

공무원 면접,
국가직 · 지방직 예상 질문

Special Information Service Company

SISCOM

의 한 권으로 끝내는 공무원 면접 스피치

PART 1

공무원 면접,
자신감 있고
신뢰감을 주는
스피치

면접은 '시험'이 아니라 '대화'이다

01 면접은 글이 아니라 말, '스피치'다

대부분의 사람들이 면접을 준비할 때 가장 먼저 하는 것은 무언가를 쓰려고 한다.

내가 알고 있는 지식과 정보, 내가 할 수 있는 발언들이 풍부하면 면접의 말문이 트인다는 생각 때문이다. 그리곤 예상 질문 리스트를 뽑고, 논리정연하게 생각을 글로 적어본다. 썼다 지웠다를 반복하고, 마침내 답을 찾는다. 틀렸다고 할 수 없다.

하지만 우리가 해야 할 면접 준비의 첫 단추는 글이 아니다. 옷의 첫 단추를 잘못 꿰면 바로 다시 풀고 입을 수 있지만, 면접장에서는 낭패로 이어지기 쉽다.

정해져있는 한 가지의 답이라도 말하는 사람에 따라 다르고 말하는 자세, 표정, 억양, 속도에 따라 다르게 들린다.

예를 들어보자.

"공무원이 되고 싶습니다!"

"공무원.. 이... 되.. 되고.. 싶습니다.."

"공무원이 되고 싶다고 말할 수 있습니다"

"제가 되고 싶은 건 공무원입니다"

글을 잘 쓴다고 해서 말을 잘할 수 없다. 정확히는 전달력의 문제다.

필기는 지금까지 글로 작성하고 공부를 했다면, 이제 면접은 Speech이다.

글을 쓰다가 내가 생각한대로 잘 작성이 되지 않으면 지우개로 지우면 된다.

하지만 말은 뱉으면 다시 주워 담을 수 없다.

그래서 말의 힘은 중요하고 또 중요하다.

지우개의 장치가 없는 면접에서 면접관들을 설득할 수 있는 방법에 시간도, 노력도, 열정도 투자해야 한다.

서류는 완벽했지만, 표현이 서툰 지원자

A 지원자는 국가직 공무원을 준비하던 학생이었다. 국가직 공무원은 5분 스피치와 자기기술서를 준비하기 때문에 많이 부담이 된다고 말했다. 그래서 수업을 하기 전, 모의면접을 진행했다. 미리 준비해둔 과제(5분 스피치와 자기기술서)를 작성할 수 있는 시간을 주고 면접을 보았다. 하지만 이게 웬걸? 어휘적인 부분뿐만 아니라 답변 내용이 매끄럽고, 훌륭했다. '아 이 친구는 평소 책을 많이 보는구나'라고 생각이 들 정도였고, 국가직 면접에 있어서도 '우수'는 쉽게 받을 수 있다고 생각했다. 하지만 면접을 진행하면서 오히려 그 친구에 대한 이미지가 달라졌다. 글은 굉장히 짧고 구체적으로 잘 썼지만, 입을 쉽게 열지를 못했다. 질문을 했는데 5분 이상 정적이 흐르자, 답답한 나는 "여기 종이에 작성했던 것처럼 말해줄래요?"라고 했지만, 그 친구는 결국 제대로 된 한 문장을 완성하지 못했다. 면접이 다 끝나고 그 친구가 하는 말은 '말하는 게 어색해요.'라는 말이었다. 실제로 이렇게 글은 잘 쓰지만 말로 표현이 서툰 친구들이 많다. 아는 것과 말로 표현할 수 있는 것은 정말 다르다. 100을 알아야 10을 표현할 수 있다는 말이 있듯이 내가 그 내용에 대해서 정확하게 알지라도 아는 것에 그치지 않고, 말로 표현할 수 있는 능력이 매우 중요하다.

찌니쌤의 Key point

면접은 글이 아니라 '말'이다.
답변을 작성해서 달달 외우는 건 '아마추어',
답변을 큰 목소리로 소리 내서 많이 읽어보는 건 '프로'
우리는 외우지 말고, 자연스럽게 말하는 면접을 보기 위해서
많이 소리 내서 말해보고, 연습해보자.

찌니쌤의 면접 정의

"면접의 첫 단추를 잘못 꿰면
합격의 옷은 입지 못 한다"

02 면접과 소개팅의 관계

'공포', '불안', '초조함'이 엄습한다.
이런 기분을 비슷하게 느낀 경험.. 바로 소개팅에서다. 처음 이성을 만날 때, 그 사람에게 잘 보이려 하는 마음은 그 순간 흐르는 식은땀과 비례한다. 나의 마음은 곧 상대에게 들키기 십상이다. 그런 경우 애

프터 만남이 이어진 적은 별로 없다. 소개팅과 면접 모두 상대방에게 자신을 '평가'받는 대상으로 인식하기 때문이다.

또한 그런 긴장감으로 인해 내적 불안감을 호소할 뿐만 아니라, 신체적 증상인 발열과 근육경련, 과민성 대장 증후군, 두통을 동반하기도 한다. 이러한 상태와 증상을 지각한 피면접자들은 이를 불안감, 공포감으로 받아들여 내적 불안감이 더욱 심해지는 악순환을 겪는다.

"마치 세상의 모든 고통을 등에 짊어진 기분이에요.. 다리가 후들거리고 숨이 턱턱 막혀요."
면접을 앞두고 이렇게까지 힘들어 하는 준비생을 본 적도 있다.

〈코끼리는 생각하지 마〉 에서 말한다.
"'코끼리는 생각하지 마!'라고 하면 여러분은 코끼리를 생각하게 돼요"라고.
'떨지마' '떨지마' '떨지마'를 되새기는 것도 좋지만 그럴수록 떨게 되는 나 자신을 발견하게 될 수도 있다.

"좋은 첫인상을 남길 기회란 결코 두 번 다시 오지 않는다."
미국의 정신분석학자 테오도르 루빈(Theodore Rubin)의 명언이다. 우리는 누군가를 처음 보는 순간 그 사람이 호감인지 비호감인지 판단한다. 모르는 사람을 판단할 때 외적인 모습이 가장 쉽게 얻을 수 있는 정보이기 때문이다.

면접장에 지원자가 들어오는 순간 당락의 80%가 결정 난다고 했다.
예를 들어 소개팅을 한다고 가정해보자.
두 사람의 유형 중 어떤 사람과 더 알아가고 싶은가?
첫 번째, 밝은 표정에 웃으면서 눈을 맞추며 말하는 사람
두 번째, 긴장한 탓에 얼굴도 굳어지고 눈을 맞추지 못하는 사람

여러분은 어떤 사람에게 호감이 가겠는가?

적극적인 사람은 눈을 맞추며 미소를 띤 채 이야기하는 모습이 연출된다.
하지만, 스스로 볼품없다고 생각하거나 자신감이 없는 사람이라면 눈을 마주치지 못하고 목소리도 작아서 무슨 말을 하는 지 잘 알아 들을 수 없다. 그런 태도에 있어서 상대방은 오히려 오해할 수 있다. 내가 마음에 들지 않아서 일부러 그렇게 말하는 건가? 라고 말이다.
하지만 스스로는 부끄러워서, 긴장해서 말을 못하는 경우가 대다수이다.

평가 받는 게 아니라 쟁취한다고 생각하면 어떨까? '애프터'를 말이다.

마음에 드는 이성과의 다음 만남을, 필기합격 다음의 면접 합격을 말이다.

또한 면접관들에게도 나를 '판단'하는 게 아니라 '선택'할 기회를 주는 것이다.

나 같은 인재를, 그리고 나처럼 가능성이 많은 예비 공무원을 말이다.

의 면접 정의

> **"면접은 평가 받는 게 아니라**
> **나를 선택할 기회를 주는 것"**

03 면접은 약점이 아닌 무기다

"나는 필기는 자신 있는데 면접은 막막해"

"나는 말을 너무 못해서 면접은 틀렸어"

"답 달달 외워봤자 버벅댈 거야"

약점이라고 단정해버리고 시작한 면접은 '취약점'이라는 자괴감으로 끝날 뿐이다.

우리는 그동안 주입식 교육과 일방적인 필기 학습에 익숙해져 있다. 같은 날 면접을 보는 전국 수만 명의 면접자들도 같은 처지다. 듣는 것과 말하는 차이는 극명하다. 하지만 자괴감으로 시작한 말하기와 자신감으로 시작한 말하기는 전혀 다른 결과를 불러온다. 나 또한 아무리 가능성이 낮은 준비생을 만나더라도 '합격이 힘들겠다.'라는 단정보다는 1%의 가능성을 찾아내려 한다. 합격할 자신, 합격시킬 자신 두 자신감이 만나 시너지가 나는 최상의 면접 시나리오다.

자, 그럼 이제 면접을 무기로 만들어보자.

면접 볼 때 공포감을 극복할 수 있는 방법은 2가지가 있다.

첫째, 사람들에게 내 이야기를 하는 거다. 더 전략적인 기회를 만들어보자면, 면접 스터디다. 다른 사람들은 어떻게 말하는지 객관적으로 바라보고, 또 타인은 말하는 나를 어떻게 바라보는지 알게 될 수 있는 최적의 방법이다.

'이 사람의 이런 점은 좋은데?', '이런 점은 좀 보기 좋지 않네?' '나는 이렇게 하면 안 되겠다' 스스로 인지하고 공부하는 것도 좋다. 면접 스터디를 마치고 집에 오면 부모님 앞에 앉아보길 권한다. 면접관은 주로 40대~50대가 많기 때문에 부모님과 비슷한 연령대일 것이다. 날마다 한 가지의 주제, 혹은 한 가지의 단어, 한 가지의 문제를 가지고 내 생각을 이야기해보자. 부모님의 시각에서 보는 예의, 부모님이 듣고 싶어 하는 말투, 부모님을 설득시키는 단어, 부모님을 집중하게 하는 말투 모든 것이 큰 도움이 된다. 그리고 가장 중요한 것은 그러는 동안 나는 이야기를 잘 하는 사람이 되고 있다는 것이다.

두 번째 만드는 무기는 셀프 테스트다. 스스로 면접이라 가정하고 셀프동영상이나 거울을 보면서 말하는 연습이다. 면접은 컴퓨터 앞에서 준비하는 것이 아니다. 면접 답변 스크립트를 작성하고 말하는 연습을 할 때 보면 말할 때마다 말의 내용이 달라지는 것을 볼 수 있다. 그렇기 때문에 내가 말하는 걸 동영상으로 찍고 직접 확인하면서 내 눈을 내가 보며 말하는 연습을 하는 것이다. 또는 거울을 보면서 말하는 연습도 매우 좋다. 실제로 "집에서 면접 연습 해오세요."라고 말하면 밖에서 누가 들을까봐 방에서 속닥속닥 작게 연습하는 경우가 있다. 면접연습은 실전처럼 큰 목소리로 자신감 있게 말하자.
단, 혼자 연습한다고 해서 '속닥속닥'은 절대 금물이다.

'속닥속닥' 보다는 우렁차게, '우렁차게' 보다는 당당하게를 되새기자.

 어느 중년 면접자의 무기

J 지원자는 지방직 공무원 필기를 합격한 중년 남성이었다. 선한 인상에 밝게 웃는 모습이 참 매력적이었던 그분은 작년까지 지역아동센터에서 7년간 일을 하시고, 끝까지 공부를 포기하지 않고 열심히 공부한 결과 면접까지 올 수 있었다고 한다. 공무원 면접은 나이가 공개되지 않는 블라인드 면접이지만, 대다수의 사람은 누군가의 음색 한 마디만으로도 그 사람이 어느 정도의 연령대인가는 짐작해볼 수 있다. 그러므로 적지 않은 나이가 면접에 더 부담을 미칠 수밖에 없었을 것이다. J 또한 특강을 시작하기 전부터 고민이 많으셨다. "나이가 많은데 괜찮을까요?"라는 심리적인 불안감이다. 하지만, 실제로 공무원교육원의 신규자 교육을 갈 때 9급 공무원에 합격하신 분 나이가 52세이신 분도 있었다. 또, 광주시 공무원교육원에서도 46세이신 분도 있었다. 나이가 많다는 건 감점 요소만 있는 것이 아니다. 다양한 사회경험을 통해 느낀 경험과 노하우가 다 축적이 되어 있을 것이다. 결국 약점이라고 생각했던 나이 또한 무기가 될 수 있다는 것! 면접은 내가 준비되어 있지 않으면, 또 내가 자신감이 없으면 면접관은 확연히 눈에 보인다. 면접관은 눈빛만 봐도, 자세와 말투만 바라봐도 지원자의 열정과 의지를 느낄 수 있다. 그렇기 때문에 나는 할 수 있다는 자신감이 제일 필요하다.

의 면접 정의

"각자에게는 열 가지의 무기가 있다.
아직 찾지 못했을 뿐"

04   실수는 운이 나쁜 게 아니다

면접에서 가장 두려운 것, 우리가 철저에, 철저에 철저를 거듭하는 것은 바로 '실수'를 방지하기 위함이라고 해도 과언이 아니다. 하지만 실수라는 것은 운이 나빠서 오는 게 아니라, 막지 못해서 오는 것이다.

취업 · 인사포털 인크루트가 면접을 본 220여 명의 구직자를 대상으로 '실제로 저질렀던 면접 실수'는 어떤 것이 있는지 설문한 결과, 떨리거나 작은 목소리로 대답한 것(19.6%)을 가장 많이 꼽았다. 이어 질문을 이해하지 못하고 동문서답을 한 것(16.4%), 지원 분야나 기업에 대해 잘못 대답한 것(14.6%), 금방 들통 날 거짓말을 한 것(11.9%), 지각한 것(10.0%) 순으로 응답했다. 응답자 5명 중 4명은 면접에서 실수가 당락에 결정적인 영향을 줬다고 생각했다.

실수를 겪는 이들의 유형은 두 가지다. 완벽하게 면접 준비를 마쳤다는 '자만함' 또는 부족하고 미비한 면접 준비에서 오는 '막막함'이다. 둘 다 이미 진 싸움이나 다름없다. 자만함이 넘칠 경우 조금이라도 예측에서 벗어난 상황이 오면 면접장이 온통 새하얘질 것이고, 막막함이 앞선 면접은 깜깜한 암흑을 맛보게 될 것이다. 특히 면접에서 즉흥적으로 대답하면 된다고 말하는 준비생들이 생각보다 많다. 내가 가장 두려워하는 준비생들이기도 하다. 그런 이들은 임기응변에 공무원이 되냐 마냐의 모든 걸 거는 도박을 하는 것과 마찬가지다.

물론 적재적소에 센스, 말문이 막히지 않고 나오는 대처력은 면접에서 아주 중요하다. 하지만 그것들은 오직 감칠맛을 더해주는 양념 같은 것이다. 면접관들은 모두 프로다. 제대로 익지 않은 요리에 플레이팅만 거창한 밥상인지 한눈에 알아보는 프로 말이다. 더군다나 공무원 시험에선 정직함, 성실함, 공정함 최소한 이 세 가지는 중무장되어 있어야 한다. 세 가지의 면접 준비만 잘 갖춰져 있어도 치명적인 '실수'는 피해 갈 수 있다.

나도 모르는 나의 모습

공무원 필기 합격자 100명을 대상으로 면접특강을 진행했던 적이 있다.

공무원 면접 일정이 얼마 남지 않아 이론을 진행하기보다는 조별로 나눠서 모의면접을 해야겠다고 생각했다.

100명의 학생들 역시 기본적으로 스터디는 물론 면접 준비를 끝낸 상태여서 적극적으로 잘 참여해 주었다.

모의 면접이 각자 끝난 후 촬영한 영상을 보면서 피드백을 했다.

실제로 목소리가 작거나, 질문을 정확하게 이해하지 못한 친구 그리고 압박 질문에 당황하는 친구 등 여러 유형의 친구들이 있었다.

'이렇게 면접 갔으면 큰일 날 뻔 했다'는 것이 대다수의 피드백이었다.

스스로 목소리가 작은지 몰랐지만, 이렇게 다른 친구들과 내 목소리를 비교해보니 정말 작다는 것을 느꼈다고 말하는 친구.

또, 어떤 친구는 "너무 긴장한 탓에 면접 질문을 잘 기억하지 못했다. 하지만, 스스로 생각하기에 봉사활동에 대해 물어본 것 같아서 미리 준비한 대답을 했다."라고 답했다. 이 친구는 결국 동문서답을 한 경우다. 내가 질문을 정확하게 듣지 못했으면 "죄송합니다. 제가 떨려서 질문을 정확하게 듣지 못했습니다. 다시 한 번만 말씀해 주시겠습니까?"라고 물어보면 된다.

하지만 스스로 추측해서 대답한다면 동문서답하는 상황이 나타난다.

"가장 기억에 남는 봉사활동과 느낀 점을 말해주세요."라는 질문이었는데, 지원자는 "본인이 생각하는 봉사란?"이라는 질문에 대해서 답을 했다.

면접은 내가 준비한 대답을 하는 게 면접이 아니다.

면접관이 하는 말을 정확하게 잘 듣고 이에 말하는 게 면접이다.

외워서 말하는 친구들은 대게 이렇게 동문서답하는 경우가 많다. 면접은 정답을 맞히는 것이 아니라 대화하는 것이다.

이런 나의 실수를 인지하지 못하고 면접장에 들어가면 어땠을까?

상상하기도 싫다. 나도 모르는 나의 모습을 객관적으로 파악하고, 부족한 부분을 인지하고 실수하지 않도록 노력하고 연습해보자.

면접은 시험이 아니라 대화이다.
뿐만 아니라 필기는 범위가 정해져 있지만 면접에는 범위가 없다.
즉, 면접에는 정답이 없다.

"나를 믿지 않아서도,
나를 너무 믿어서도 안 되는 게 면접이다"

05 면접은 '시험'이 아니라 '대화'다

많은 준비생들이 아직도 착각하는 게 하나 있다. 바로 면접에서 정답을 찾으려 하는 것. 면접은 대답을 하는 것은 맞지만 시험은 아니다. '딩동댕' 아니면 '땡'을 듣는 게 아니다. 얼마나 더 적절하냐 아니냐의 문제, 더 정확히는 얼마나 더 설득력이 있냐 없냐의 문제다. 아는 것이면 좋겠지만 알지 못한 것도 어떻게 전달하냐에 따라서 좋은 답변이 될 수 있다. 면접에는 정답이 없다. 가치관과 경험, 공직관에 대한 스토리텔링이다. 문제를 푸는 시간이 아니다. 공무원이 될 자격이 충분한가의 스토리텔링을 하는 것이다. 더 명백하게 말하자면 아나운서가 되는 준비가 아니다.

평소에 면접을 준비한다면 어떻게 준비하는가? 면접까지 한 달이 남았다고 생각해 보자. 실제로 2주간 면접이 남았다는 전제하에 노트북 앞에 앉아서 또는 노트를 꺼내놓고 스토리를 정리하면서 답변 틀을 만든다. 실제로 예상 질문에 모범 답안으로 소설 한 편 쓰고 외우고 또 외우고, 하다못해 면접 당일까지 답변 틀을 수정하는 경우가 상당히 많다. '아, 내 이야기가 아닌가?'라고 생각하는 사람도 많다. 그뿐만 아니라 30일 중 20일 정도를 답변을 작성하고 7일 정도 빠르게 외우고 3일 정도 소리 내서 연습을 하는 경우도 있다. 그 연습도 침대에 누워서 웅얼거리는 정도 또는 독서실 책상에 앉아서 눈으로 훑어보는 경우가 꽤 있다.

딱 하나 부족했던 준비생

K 지원자는 국가직을 공부하는 지원자였다. 처음엔 온 얼굴에 '어. 색. 하. 다'가 드러나곤 했다. 어쩔 줄 몰라 하던 기색도 역력했다. 하지만, 숙제로 내준 부분을 기본 틀에 맞춰 잘 작성하고, 나이는 어리지만 성숙한 답변이 강점으로 보였다. 또, 면접관의 의도를 정확하게 파악하는 능력도 뛰어났다. 첫날은 어떻게 말을 해야 할지 잘 몰라 했지만, 훈련한 대로 열심히 한 결과 많이 좋아지고, 술술 말이 잘 나오게 되었다. 그런데, 뭔가 답변을 듣는데 어색함이 느껴졌다. 분명히 두괄식으로 잘 말하고, 느낀 점과 포부가 명확했지만 무슨 말을 하는지 잘 이해할 수가 없었다. 실제로 면접 수업을 하다 보면 면접 스크립트를 달달 외운 친구들의 특징은 문장 그대로 말하는 경우가 있다. 그래서 눈은 분명 면접관을 바라보고는 있지만, 머리로는 답변을 생각하느라 대화하는 느낌보다는 외운 것을 말하는 느낌이 강했다. 즉, 말은 열심히 하지만, 전달되는 느낌이 들지 않았다. 그저 외운 답, 준비한 답을 내뱉고 있는 것이었다. 면접장에 가면 스토리들이 거의 비슷하다. 정말 독특하고, 엄청난 경험을 한 친구들도 많긴 하겠지만, 거의 비슷한 편이다. 그렇기 때문에 그 내용을 말만 하는 것이 아니라, 그때의 감정을 떠올리면서 상상하면서 느꼈던 감정을 표현하는 말하기를 해야 한다. 그래서 면접 답변에서 가장 좋은 말하기 기법은 외워서 말하는 것이 아니라 대화하듯 자연스러운 말하기다. 하지만, "저는 자연스럽게 나오지 않아요."라고 하는 친구들은 100번 소리를 내면서 말하는 연습을 시킨다. 그리고 나서 면접 수업을 하게 되면 외우는 느낌보다 훨씬 더 대화하고, 생동감 넘치는 이미지를 만들 수 있다. 외워서 말하는 친구들은 단조로운 말하기를 통해서 모든 단어의 속도와 강약 조절이 일정하다. 그래서 답변에 임팩트가 없고 밋밋하다. 앞으로 암기하지 말고, 말하는 연습을 해보자. 암기하는 친구들은 면접관을 설득하기 어렵다. 암기가 아닌, 자연스럽게 말이 나올 때까지 소리 내서 연습 또 연습해보자.

 의 면접 정의

"입이 아닌 온 마음, 온몸으로 대답해야 한다"

이쯤에서 준비생들에게 꼭 짚어주고 싶은 3가지가 있다.

첫째, 자신의 '눈'을 믿지 말기
여러분이 지금 맹신하듯 보고 있는 그 면접 답변 스크립트는 눈으로만 본다고 외워지지 않는다.

둘째, 자신의 '머리'를 믿지 말기
인간의 기억력은 생각보다 짧다. 만약 지금 필기시험을 다시 치르라고 하면 자신이 없는 이들이 절반 이상일 것이다. 머리가 모든 스크립트를 외워줄 거라고 생각하지 말자.

셋째, 자신의 '입'을 믿기
그 어떤 긴장과 두려움 앞에서도 이야기가 줄줄 나오게 되는 신기한 경험을 할 수 있으려면, 입으로 자꾸 소리 내면서 말하는 연습을 해야 한다. 실제로 많은 학생들이 면접을 보고 난 후 통화를 하면 "선생님, 너무 긴장해서 머리는 하얘지는데, 입은 술술 ╓ 여요. 저도 무슨 말을 하는지 모르겠는데 말을 술술 잘한다고 다른 지원자들이 면접장 나오자마자 칭찬해 ᅵ요."라고 후기를 전해온다.

말하는 연습 '양' 만으로도 충분히 좋은 결과를 가지고 올 수 있다.

**면접관을 향한 열린 마음을 가지고 면접에 임하면 내 목소리와 얼굴이 열릴 것이다.
그럼 면접 합격이라는 문이 열릴 것이다.**

06 본캐보다는 부캐가 필요하다

유산슬, 유고스타, 유두래곤, 지미유, 카놀라유...
위 인물들의 공통점은 무엇일까? 아마 많은 이들이 한눈에 모두 유재석을 일컫는다는 것을 알아차렸을 것이다. 정확히 말하면 유재석의 '부캐'들이다. 국민MC인 유느님의 인기를 증명하듯 수많은 캐릭터를 혼자서 소화해내고 있다. 부캐 현상은 가장 눈에 띄는 트렌드 중 하나다.

자, 우리는 이제 면접을 위한 '면접 부캐'를 만들어보는 거다!
사실 면접관들은 면접자들을 보자마자 바로 캐릭터화하는 데에 많은 시간을 쏟지 않는다. 이 면접자가 어떤 사람인지 캐릭터화하면 쓸 데 없는 고민 없이 '미흡'과 '우수'를 나눌 수 있기 때문이다.
자, 그럼 다시! '면접 부캐' 중에서도 '우수 부캐'가 되어 보자!

우수 부캐 01 유창함 보다는 진솔함
면접은 아나운서를 뽑는 게 아니라는 사실은 거듭 강조해도 지나치지 않다.
정! 확! 한! 발음과 호흡, 논리가 점수의 기준이 되는 공무원 면접은 없다.
진심은 모든 면접관에게 통한다. 하지만 진짜와 진심은 확연히 다르다.
면접관들은 진짜냐 가짜냐를 맞히는 게 아닌,
진심과 거짓을 구별하는 데 선수들이다.
거짓 없이 최선을 다할 때, 면접관은 감동한다.

우수 부캐 02 **비호감 보다는 호감**

면접관은 하루에도 몇 십 명, 많게는 몇 백 명의 면접자들을 테스트해야 한다.

'호감'과 '비호감'은 아주 빠른 시간 내에 결정되며, 그 차이도 아주 미세하다.

참 신기하게도 호감과 비호감의 인상은 정하기라도 한 듯 대부분 사람들에게 이견이 일어나지 않는 부분이다. 아는 것을 비호감으로 말하는 것과 모르는 것을 호감으로 말하는 것, 공무원 면접에서는 무조건 후자가 유리한 우수 부캐다.

면접 지도를 할 때 유심히 살펴보면 얼굴이 굳어있는 친구들이 굉장히 많다.

그때 "한번 웃어보시겠어요?"라고 물어본다면 대게 많은 사람들은 억지 미소를 짓는다. 즉 '자본주의 미소'. 눈은 전혀 웃지 않는다.

"아뇨~ 입꼬리만 올리지 말고 눈도 같이 웃어야죠~"라고 말하면 어떻게 웃어야 하는지 잘 모르겠다고 한다.

사람들의 얼굴 표정은 정말 생동감이 넘치고 다양하다. 실제로 그 사건이 일어난 것처럼 생생하게 얼굴 근육을 쓰면서 말하는 사람들을 보면 그 이야기에 푹 빠지게 된다. 반면에 표정 변화 없이 말하는 사람을 볼 수 있다. 분명히 그의 말은 논리적이지만 전혀 생동감도 느껴지지 않고, 재미없다는 느낌뿐만 아니라 지루하다는 느낌을 줄 수 있다. 이게 바로 '비호감'의 1순위다.

하지만 호감 있는 표정이 설득력을 더한다. 또 그 표정에 친절하고 상냥하게 말할 수 있어야 한다.

우수 부캐 03 **다 아는 척 하기보다는 제대로 알기**

공무원은 사익을 추구하는 직업이 아니라 공익을 추구하는 직업이다.

그렇기 때문에 본인은 어떤 공직관을 갖추고 있는 사람인지, 또는

투철한 봉사정신을 가지고 있는지 파악하는 것이 중요하다.

또, 공무원 면접에 있어서도 내가 지원하는 직렬 즉 일반행정인지, 세무직인지,

교정직인지, 우정직인지 직렬에 따라 준비해야 한다.

공무원 조직에 대한 큰 틀 안에 하는 업무가 조금씩 다르다.

그 직렬에서 하는 업무의 특징과 나의 강점을 맞춰나가는 자세가 필요하다.

교정직는 잦은 교대 근무의 특성을 갖고 있으므로 체력이 중요할 것이다.

세무직은 세금을 다루기 때문에 정확함과 꼼꼼함은 필수 일 것이다.

우정직에서는 대민업무를 많을 수 있으므로 잘 경청하는 것뿐만 아니라,

소통하는 능력이 매우 중요하다.

5초 안에 상대를 사로잡고, 10년 후에도 기억하게 만드는 강력한 각인의 기술은 반드시 필요하다. 세계적인 톱모델이자 유명 토크쇼 진행자인 타이라 뱅크스는 모델을 꿈꾸는 수많은 응시자들에게 이렇게 충고하곤 한다.

"모델이 런웨이를 걷는 시간은 10초 안팎, 그 순간에 자신을 알려야 한다."

 의 면접 정의

"10초 안에 호감이 될 부캐를 만들자"

 의
Key point

"사람들은 당신이 어떤 사람인 것처럼 보이는가는 알지만 실제로 당신이 어떤 사람인가를 아는 사람은 거의 없다."

면접은 부캐를 만드는 것.
실제로 면접이라는 시간은 굉장히 짧다.
10년 만난 친구도 '속을 알 수 없다.'라는 생각을 하는 것처럼 나 역시 스스로에 대해 알지 못하는 경우가 많다. 그렇기 때문에 면접은 나라는 사람을 속일 수 있다.
내가 평소에 내성적인 사람, 소극적인 사람이더라도 면접 때만큼은 큰 목소리와 적극적인 눈 맞춤으로 연기해보자.

나도 자신감 있고 당당한 사람으로 비칠 수 있다.

면접 전, 나라는 사람에 대해 더 자세하게 알아보자.

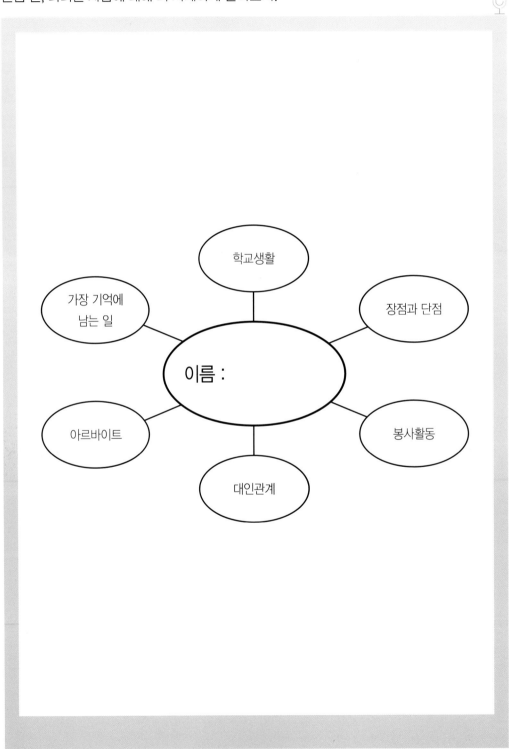

CHECK POINT 체크포인트 02

면접에서 자주 나오는 경험형 빈출 질문

※ 키워드에 맞는 나의 경험 2개를 생각하고, 정리해보세요.

- 도전정신
  -
  -

- 리더십
  -
  -

- 팀워크
  -
  -

- 봉사활동
  -
  -

- 책임감
  -
  -

- 갈등관리
  -
  -

- 소통, 배려
  -
  -

- 성공
  -
  -

- 실패
  -
  -

- 희생
  -
  -

공무원 면접, 자신감 있고 신뢰감을 주는 스피치

메시지보다 중요한 '메신저'

면접장에 들어선 순간, 보이는 모든 것이 메시지다.

면접에서의 보이는 메시지는 크게 3가지로 나눌 수 있다.

첫째, Visual 시각적인 이미지이다.

시각적인 이미지에는 면접관과의 적극적인 눈 맞춤, 바른 자세, 밝은 표정이다.

둘째, Voice 청각적인 이미지이다.

청각적인 이미지에는 면접관에게 잘 들릴 수 있는 정확한 발음과 성량, 천천히 말하는 속도 조절, 강조할 때 정확하게 강조하는 강약 조절이 있다.

셋째, Verbal 말의 내용이다.

면접 스피치는 두괄식으로 말하기, 문장을 짧게 말하기, 문어체로 말하지 말고 구어체로 말하는 연습해 보기가 있다.

> 하지만 이 모든 것에는 먼저 전제되어야 할 게 있다. 바로 '진심'이다
> 진심이 담긴 내용, 목소리, 보디랭귀지가 합격의 지름길이다.
> 진심을 담아야 면접에 '플러스알파'가 적용된다.

면접특강을 진행할 때 "시각적인 요소, 청각적인 요소, 말의 내용 세 가지 중에서 어떤 것이 중요할까요?"라고 물으면 10명 중 6명은 말의 내용에 손을 든다. 그리고 3명은 청각적인 요소, 1명은 시각적인 요소. 아니면 어떤 학생들은 "다 중요하지 않을까요?"라고 이야기한다. 시각적인 요소가 중요하다고 말하면 한 번에 믿지 않는다. 하지만 면접관으로서 항상 냉정하게 바라볼 때는 답변은 다 비슷비슷하다. 비슷한 경험을 가지고 비슷비슷한 이야기를 하는 것이다. 특색 있는 이야기, 특별한 경험은 100명 중 한 명 정도 있을까? 학생회 이야기, 반장, 동아리 회장, 자격증 공부 등 거기서 거기다. 하지만 똑같은 이야기일지라도 그 말을 전달하는 힘 있는 목소리, 밝은 표정, 적극적인 자세와 태도가 더 면접의 당락을 가리는 필수적인 요소가 된다.

실제로 스피치를 잘 하고 싶어 찾아오는 친구들도 비언어적인 요소보다는 논리적으로 말하고 싶어 하는

경우가 많다. 논리정연하게 말하는 것도 물론 중요하지만, 면접은 그보다 같이 일하고 싶은 사람을 뽑는 것이다. 쉽게 생각해 보자. 여러분이 면접관이라면 '논리적으로 말하는 수험생'과 '인성이 좋은 수험생'을 뽑는다면 어떤 사람을 뽑을 것인가? 면접관도 사람이다. 우리는 9급 공무원 면접을 보는 것이다. 사회 경험이 있는 학생들도 있겠지만, 밝고, 인성이 좋은 공무원을 뽑는 것이다.

전문성은 임용이 된 후, 공무원교육원 또는 인재개발원에서 교육을 받으면서 실력을 쌓으면 된다. 하지만, 인간관계를 잘하는 사람, 호감 있게 말하는 사람은 공직생활도 잘 할 수 있다고 생각한다. 그래서 동료, 상사와의 관계뿐만 아니라 민원인과도 잘 소통할 수 있다고 생각한다. 그러므로 메시지에 집중하지 말고, 메신저에 집중하자. 그럼 "저는 인성은 다 갖췄는데요?"라고 말하는 지원자도 있을 것이다. 하지만 여기서 말하는 인성은 밖으로 보이는 표정과 목소리를 보고 판단하는 것이 더 크다.

 딱 한 가지가 부족한 면접자

A 지원자는 경찰 면접에서 3번 최종 불합격한 친구였다. 실제로 필기점수도 상위권이자 체력도 2등의 성적을 냈지만, 면접에서 탈락했다. 그 원인을 알아보기 위해 먼저 모의 면접을 진행했다. 그런데 답변 부분에서는 거의 완벽했다. 두괄식으로 말하는 방법과 이유와 사례를 적절하게 잘 설명했다. 그뿐만 아니라 신문도 많이 읽어서 시사이슈나 토론에도 능했다. 하지만 이 친구의 떨어진 이유를 단번에 알 수 있었다. 바로 '비언어적인 요소' 때문이었다. 살짝 턱이 안으로 들어가 방어적인 자세를 취하고 곁눈질하는 습관이 있었다. 고개가 살짝 왼쪽으로 삐뚤어져서 고개는 왼쪽을 향해있고, 시선은 정면을 바라보고 있기 때문에 곁눈질한다는 느낌을 줄 수 있었다. 눈 맞춤과 그런 자세는 습관이다. 이 면접 준비생은 결국 시선과 고개를 맞추기 위해서 계속 부지런히 공부한 결과 광주청에 합격하고야 말았다.

 거만한줄 모르고 살아왔던 면접 준비생

또, 다른 지원자 D의 이야기다. 딱 봐도 남성적인 이미지를 주는 지원자였다. 눈썹도 진하고 이목구비가 커서 강한 느낌이었지만, 듬직한 느낌도 줄 수 있었다. 하지만 모의 면접을 진행하다 보니 듬직한 이미지가 거만한 이미지로 바뀌어버렸다. 말을 하면 이미지가 더 좋아지는 사람이 있고, 반대로 말을 할수록 오히려 이미지가 나쁘게 변하는 사람도 있다. D 지원자는 전자보다는 후자에 가까웠다. 자세히 살펴보니 D는 목소리의 성량도 좋고 자세도 좋았지만, 턱을 위로 향하게 들고 말하는 습관이 문제였다. 오히려 턱 끝이 위로 향해있어서 시선이 위에서 아래로 바라보는 행동이 거만하다는 느낌을 심어준 것이다. 얕잡아본다는 느낌마저 들었다. 그런데 D는 그동안 자신의 '턱' 특징을 전혀 몰랐다고 한다. 하지만, 평소 이름만 알고 지내던 친구들도 친해지면 공통적으로 하는 말이 "첫인상이 나빴다"라고. 내가 아무리 말해도, 내 모습을 객관적으로 바라보지 않으면 알 수 없다. 문제점을 파악하고 턱을 살짝 아래로 당겨서 말할 수 있도록 지도했고, D는 이제 지방직 공무원이 되어 있다.

보이는 모든 것은 이미지다. 평소 나의 행동과 습관들이 여기에 포함되어 있다면 당장 고치기 위해 노력하자. 사소한 행동이나 습관이 잘못된 인상을 줄 수 있다.

> **Tip** 면접상황에서 제일 피해야 하는 금기사항
>
> - 1위 : 끝말 흐리기
> - 2위 : 시선 피하기
> - 3위 : 다리 떨기
> - 4위 : 한숨 쉬기
> - 5위 : 네? 라고 반문하기
> - 6위 : 불필요한 추임새 넣기
> - 7위 : 얼굴, 머리, 코 만지기
> - 8위 : 몸 비틀기
> - 9위 : 다리 꼬기
> - 10위 : 손톱 뜯기

 의 면접 정의

"면접에서 보여지는 진심을 만들자"

01 Visual(시각이미지) 메이킹

"호감을 주는 표정이 설득력을 더한다"

면접에서 떨어지는 이유 (잡코리아 조사 : 인사담당자 1056명 대상)

여성 지원자의 감점되는 이유	남성 지원자의 감점되는 이유
• 날카로운 인상(21.1%) • 무표정한 얼굴(17.5%) • 어두운 표정(13.2%) • 자신감 없어 보이는 인상(11.4%) • 짙은 화장(11.4%)	• 자신감 없어 보이는 인상(25.1%) • 우울해 보이는 인상(15.1%) • 무표정 (14.4%) • 날카로운 인상(12.9%) • 험상 굳거나 무서운 인상(9.8)

한 사람이 외적으로 풍기는 분위기는 어떻게 결정짓게 될까? 옷차림, 표정, 화술, 억양, 시선처리, 헤어스타일, 자세, 매너.. 여러 가지를 생각하게 된다. 면접 강의를 할 때 많이 하는 질문이다. "Q. 여러분은 사람을 처음 봤을 때 어디를 보십니까?"라고 물어보면 80%는 표정이라고 대답한다. 나머지는 패션, 키, 자세, 눈 맞춤 등 보이는 시각적인 이미지를 가장 많이 선택하곤 한다. 그다음에 "Q. 그럼 여러분들의 지금 표정은 어떻다고 생각하십니까?"라고 물어보면 머쓱해하는 준비생들이 부지기수다. 즉, 사람을 바라볼 때 표정을 많이 보지만 정작 내 표정은 모르고 살아온 것이다.

내 얼굴이지만 실제 내 얼굴을 더 많이 보는 이는 타인이다.

면접을 준비한다면, 사회생활을 잘 하고 싶다면 거울을 가까이해라.

용모단정뿐만 아니라 내 표정을 한 번씩 점검하도록 해보자.

첫인상은 사실 "표정"에 달렸다고 해도 과언이 아니다.

면접관의 93%는 "한번 결정한 지원자의 첫인상은 면접이 끝날 때까지 대체로 바뀌지 않는다"라는 답을 했다. 첫인상은 합리적이거나 객관적이지 않으므로 첫인상의 오류를 최소화하기 위해서 면접관에게 지원자의 외적인 모습뿐만 아니라 내면을 보라고 면접교육을 한다. 하지만 면접관도 사람이기에 함께 일하고 싶은 사람 즉, 밝은 표정으로 말하는 첫인상의 특성에 영향을 받을 수밖에 없다.

면접 수업을 진행하면서 꼭 하는 것은 면접 동영상 촬영이다.

왜냐하면 본인의 면접 모습을 촬영한 뒤 직접 본인의 이미지를 체크하면 객관적으로 파악할 수 있기 때문이다.

실제로 많은 지원자들이 본인의 표정을 보고 깜짝 놀란다.

"와, 제가 면접관이면 저 떨어뜨리고 싶을 것 같아요."

"웃을 때 저 표정이 왜 저렇게 어색하죠?"

"제가 아닌 다른 사람이 앉아 있는 거 같아요."

면접이라는 긴장이 엄습한 상황에서 몸이 굳고 표정도 굳어지기 마련이다. 하지만 굳은 채 면접관 앞에서 무슨 이야기를 한들 '첫인상'이 바뀌기는 힘들 수 있다.

면접관은 표정을 통해 지원자의 '습관'과 '인성적인 부분'을 모두 체크한다.

거울을 앞에 갖다 놓고 평소 내 표정은 어떤지 자가 진단을 해보자.

나의 표정 자가 진단

Q1 눈썹 위에 두 검지를 갖다 댄 후, 손은 움직이지 말고 눈썹을 상하로 움직일 때 잘 움직이는가?

    a. 움직이지 않는다.

    b. 잘 움직인다.

Q2 웃는 표정을 할 때 눈의 모양은?

    a. 무표정하다.

    b. 약간 웃는 듯하다.

    c. 다정하게 반달눈이 되어있다.

Q3 입을 다물고 미소를 지었을 때 입꼬리는?

    a. 입꼬리가 아래로 처져있다.

    b. 입꼬리가 일자형이다.

    c. 입꼬리가 위로 향해있다.

Q4 치아를 보이며 환하게 웃었을 때 입모양은?

    a. 아래 치아가 더 많이 보인다.

    b. 위 치아가 많이 보이지만 8개 미만 보인다.

    c. 위 치아가 8개 이상 시원하게 보인다.

자, 그럼 본격적으로 탐색해보자! 나의 인상을!

Q1 눈썹 위에 두 검지를 갖다 댄 후, 손은 움직이지 말고 눈썹을 상하로 움직일 때 잘 움직이는가?

평소에 얼굴근육을 잘 움직이는 사람이면 눈썹이 움직일 것이다. 하지만, 얼굴 근육을 잘 쓰지 않는다면 웃는 것도 어색하고, 눈썹도 잘 움직이지 않는다. 얼굴근육을 잘 안 쓰는 사람이라면 평소에 리액션을 하는 연습을 해보자. 리액션의 5가지 용어가 있다.

아~ 네~ 진짜? 정말? 헐~ 5가지 마법의 용어이다.

눈썹을 올리면서 아~

고개를 끄덕거리면서 네~

놀라면서 진짜? 정말?

안타까운 표정으로 헐~

이렇게 연습해보자. 그럼 어느 순간 표정 근육이 많이 움직이고 얼굴 근육이 발달된 것을 볼 수 있겠다.

Q2 웃는 표정을 할 때 눈의 모양은?

요즘 코로나19로 인해 면접 때 입은 마스크로 가리고 눈을 바라보며 면접을 보는 경우가 더 많다. 그래서 웃어야 한다며 입꼬리는 올라가고 입은 분명히 웃는데 눈은 웃지 않은 경우가 많다. 실제로 학생들에게 거울을 보여주면서 "눈이 웃고 있나요?"라고 물어보면 나는 분명히 웃고 있는데 거울에서 봤을 때는 웃지 않고 있는 것 같다고 한다. 그렇기 때문에 평소에 더 과장해서 웃는 연습을 많이 해보자.

나 역시 눈꼬리가 올라가서 인상이 세다는 말을 많이 들었다. 그래서 웃을 때 환하게 반달눈이 되는 사람을 보면, 참 부럽다는 생각을 했었다. 그래서 1년 동안 거울을 가지고 다니면서 의도적으로 눈으로 웃는 연습을 많이 했다. 표정 근육은 연습해야 발달되고 좋은 인상을 심어줄 수 있다. 그렇게 연습한 후 얻은 결과물은 반달눈과 눈주름이다. 하지만 강렬한 눈보다는 반달눈을 만들었다는 것에 큰 자부심을 느낀다. 눈은 마음의 창이라고 한다. 실제로 여러 학생들을 만나다 보면 눈에 영혼이 없는 경우도 굉장히 많다. 그뿐만 아니라 눈에 초점이 없는 경우도 많다. 눈동자는 선명해야 한다. 그리고 정확하게 면접관과 눈을 맞춰 말하는 연습을 해보자. 단, 이때 서클렌즈를 끼면 초점이 맞지 않기 때문에 착용을 피하기를 권한다.

Q3 입을 다물고 미소를 지었을 때 입꼬리는?

사람들을 유심히 살펴보면 입꼬리가 내려간 사람도 있고, 일자 입꼬리도 있으며 살짝 입꼬리가 올라간 사람도 있다. 실제로 면접 수업을 할 때 무표정으로 말하는 사람들이 많아 항상 입꼬리를 의도적으로 올려서 말해달라고 한다. 입꼬리가 내려가 있으면 우울해 보이고, 심지어 사람이 우중충해 보이기도 한다. 일자 입꼬리보다는 입꼬리를 올려서 말하는 연습을 해보자.

실제로 한국인들은 서양인과 달리 볼 근육이 아래로 발달되어 있어 입꼬리가 많이 내려가 있다고 한다. 그렇기 때문에 의도적으로 입꼬리를 올려보며 연습을 해야 한다. 그럼 자연스럽게 광대가 위로 올라가 부드러운 인상을 줄 수 있다.

요즘 입꼬리 올리는 시술을 많이 하기도 하는데, 부자연스러운 인상보다는 평소 거울을 보고 연습해 자연스러운 표정을 지니는 쪽을 권한다.

Q4 치아를 보이며 환하게 웃었을 때 입 모양은?

사람은 중력에 의해서 피부가 처진다고 한다. 그래서 나이가 들어 말씀하시는 분들을 살펴보면 말할 때 아랫니가 많이 보이는 경우가 많다. 그래서 항상 윗니를 보일 수 있게 웃는 연습을 해야 한다. 여기서 잠깐! "Q. 우리 얼굴 중 명도가 가장 높은 부분은 어디일까요?"

볼, 턱, 코, 입술 등 여러 답변이 나온다.

정답은 치아다. 치아가 많이 보이면 보일수록 사람이 더 밝아 보인다는 연구 결과가 있다. 그게 별거라고? 생각할 수 있지만 막상 해보면 쉽지 않다. 윗니 8개가 다 보일 수 있도록 연습을 많이 해야 한다. 잇몸이 많이 보이는 건 상관없다. 거울을 보며 웃는 연습을 많이 해보자.

 나쁜 버릇을 빠르게 고쳐낸 면접 준비생

> P 지원자는 소방직 공무원을 준비하던 친구였다. 그 친구는 깔끔한 헤어스타일과 함께 단정했다. 특히, 집단면접을 같이 할 때 보면 다른 지원자와 확연히 비교될 정도로 자세까지 좋아서 더 멋졌던 친구 중 한 명이다. 그런데, 면접을 진행하면 답답한 느낌을 주었다. 보이는 부분은 충분히 좋았지만, 전달하는 부분이 많이 부족했다.
>
> 특히 평소 성격과는 반대로 소극적이라는 인상이 들었고, 웅얼거린다는 느낌마저 들었다. 그래서 "혹시 교정했었어요?"라고 물으니 답변은 역시 예스였다. 중학생 때 덧니가 있어서 교정했다며, 되려 어떻게 알았냐고 되물었다.
>
> 어릴 적 치아교정을 해서 치아가 보이지 않게 입술로 가리고 이야기를 하는 게 버릇이 돼버린 친구 케이스다. 하지만 치아를 보이지 않고 이야기를 하면 본인 스스로가 답답한 느낌을 주게 되는 격이다. 소리가 입안에서 맴도는 것은 알고 있었지만, 그게 입을 벌리지 않아서 그런다는 것을 전혀 생각하지 못했다고 한다. P 지원자는 틈나는 대로 연습해 교정기를 끼고 지냈던 버릇을 고쳐내는 데 성공했고, 면접장에서 깔끔한 이미지와 더불어, 밝게 웃는 인상을 겸비해 소방직 공무원에 합격하게 됐다.

지금, 이 책을 읽으면서 내가 면접하는 동영상을 촬영해보자.

말을 할 때, 치아가 보이는지, 또는 치아가 보이지 않고 웅얼거리는지 확인해보자. 치아를 보이며 밝게 웃는 연습을 해보자.

 백해무익한 무표정의 면접 준비생

> R 지원자는 국가직공무원을 준비하고 있었다. 평소에 대화를 하거나 면접을 할 때도 크게 표정의 변화가 없었다. 사실 표정은 면접에 있어서 정말 중요한 요소 중 하나이다. 표정 변화가 크게 없는 친구들, 일관성 있는 표정을 가진 친구들은 압박질문이나 꼬리 질문이 들어와도 흔들림이 없다. 하지만, 민원인을 상대할 때도 과연 그런 표정으로 이야기를 하면 어떨까? 면접관 역시 지원자를 바라볼 때, '퉁명스럽다. 영혼이 없다.'라고 바라볼 수 있다. 그래서 면접을 볼 때는 항상 적극적인 태도로 답변 연습을 하는 것이 좋다. 적극적인 태도란 초롱초롱한 눈빛과 함께 생동감 있는 표정을 말한다.

표정 연출하는 것이 어렵다고 생각하는 친구들은 광대 근육을 승천시켜서 웃는 연습만 해보자. 그러면 훨씬 더 생동감 있고, 영혼이 있는 표정이 만들어질 것이다.

B 지원자의 차가운 자기소개

경찰 면접을 지도할 때 B 지원자가 모의면접을 하면서 자기소개를 했다.

"안녕하십니까, 차가운 아메리카노 같은 남자 ○○○입니다."

그 첫 마디를 듣고 어찌나 당황스러웠던지 모른 체 추가 질문을 했다. "왜 차가운 아메리카노 같은 남자라고 본인을 표현했나요?"라고 물으니 차가운 남자이기 때문이란다. 경찰은 차가워야 한다고 말이다. 경찰은 민중의 지팡이로서 항상 공정하게 업무를 처리해야 하기 때문에 '차갑다'를 강조해 표현한 것이다. 하지만 "경찰은 법 집행뿐만 아니라 민원 서비스도 같이 진행해야 할 텐데요? 그때도 차가운 표정으로 민원인을 맞을 건가요?"라고 물어보니 아무 말도 하지 못했다.

차가운 표정, 차가운 감정, 차가운 느낌은 주로 '긍정적'인 느낌보다 '부정적'인 느낌을 준다. 부정적인 표현을 각인시켜주는 것은 마이너스가 될 수 있다.

 면접관 같던 준비생 D

한 교육청에서 진행한 공기업 모의면접 위원으로 참여한 적이 있다. 각 학교마다 1명씩 지원자를 선발해 총 6개의 학교에서 한 명씩 대표로 면접 지원자로 참여했다. 6개의 이력서와 서류를 보니 스펙도 다양했다. 한 시간에 걸쳐 질문을 하고, 답변하는 것을 영상을 촬영하고 피드백하는 역할을 맡았다. 그때 한 학생인 C가 유독 돋보였다. 이마를 환히 드러냈고, 밝은 표정으로 답하는 지원자에게 면접관으로서 호감이 갔다. 그의 바로 옆에 있는 D 지원자는 토익도 900점, 학점도 4.5점 등 높은 성적을 유지하고 있었다. 그런데 시종일관 무표정한 표정으로 말을 하는 것이다. 면접관 입장에서는 열정이 없는 건 말할 것도 없고 성의가 없게 보였다. 오히려 실제 면접관보다 더 면접관 같은 표정으로 말하고 있었다. 모의면접이 끝난 후, 해당 기관 인사팀장님과 이야기를 나눠보니 성적은 좋지 않았지만 면접에서 호감인 C 학생이 좋았다고 말씀해 주셨다. 나도 이와 같은 생각이었다. 피드백 시간에 본인의 영상을 보여주었고 준비생들 대부분 본인의 모습을 낯설어 했다. 유독, D 학생의 눈이 반짝하는 것을 느꼈다. "영상을 보고 무엇을 느꼈나요?"라고 물어보니 본인은 너무 긴장한 탓에 굳었던 것만 기억하고 있었는데, 영상을 통해 나의 모습을 객관적으로 보니 제가 면접관이어도 저 안 뽑을 거 같다고 말했다. 그 친구는 항상 면접 스터디를 하면서 시사 이슈, 전공 공부하기 급급했는데 막상 면접에 임하는 본인의 표정을 보니 그야말로 망연자실였던 것이다.

사람은 쉽게 바뀌지 않는다. 그렇기 때문에 시간을 몇 배로 투자해서 바꿀 수 있도록 노력해야 한다. 그러면 면접에 합격할 수 있다.

> **Tip 면접 전 표정 훈련**
>
> - 손은 가슴 위로 들어 올리고 V자를 만들어본다.
> - 고개를 위로 들고, 손을 짤랑짤랑 10번 흔들어본다.
> - 그 후 상체와 손에 힘을 빼고 바닥으로 떨어뜨린다.
>   ※ 이걸 5번 이상 반복해보자. 땀이 나고 몸의 긴장이 많이 풀어짐을 느낄 것이다.
> - 아랫배에 힘을 주고 '아아아~' 3회 복창한다.
>   ※ 목소리 크기는 60%의 성량으로 자신감 있게 말하는 연습이다.
> - 눈을 최대한 크게 뜨고 '아, 에, 이, 오, 우' 입 모양을 정확하게 해보자.
>   ※ 이 때 제일 중요한 것인 정확한 입 모양이다. 입 모양이 정확해야 얼굴 근육도 제대로 사용할 수 있다.
>   '아' 발음할 때는 손가락 3개가 세로로 들어갈 정도 입을 벌려야 한다. 정확하게 귀밑에 움푹 들어간 부
>   분에 상치와 하치가 손가락을 넣을 수 있을 정도로 들어가야 한다.
> - 입꼬리가 올라가는 단어 10가지를 소리 내서 5초 멈춤 훈련해보자.
>   ※ 위 치아가 다 보일 정도로 앙~하고 웃어보자. 아랫니가 아니라 윗니가 다 보일 수 있도록 윗입술 근육
>   을 사용해서 다음과 같은 발음을 따라 해보자.
>   개구리~~~~~(5초간 유지)
>   라조기~~~~~(5초간 유지)
>   고도리~~~~~(5초간 유지)
> - 안녕하십니까, ○○○입니다. 큰 소리로 연습을 해본다.

(1) 눈 맞춤 한 번이 열 마디를 좌우한다

> "상대의 말을 백번 듣는 것보다 한 번의 눈길이 더 많은 것을 알게 한다.
> 사람의 눈은 혀만큼이나 많은 말을 한다.
> 게다가 눈으로 하는 말은, 사전 없이도 전 세계 누구나 이해할 수 있다."
> – 랄프 왈도 에머슨

눈은 입보다 더 많은 말을 이야기한다는 말이 있다. 최근 코로나19로 인해 마스크를 착용하면서 입이 보이지 않는다. 그래서 무슨 말을 하는지 잘 안 들리는 경향이 있다. 그러므로 이전보다는 두 배는 더 전달력에 힘을 쏟아야 한다.

나는 면접을 진행하면서 수험생들에게 눈빛에서 적극적인 열정이 나와야 한다고 항상 강조한다. 눈빛은 속일 수 없기 때문이다. 대화를 나누다 보면 눈빛이 반짝이는 사람들이 있다. '배우고 싶어 하는 열정을 가진 그 눈빛'말이다. 모의면접을 하다 보면 그런 지원자는 사실 찾아보기 쉽지 않다. 말

하다가 초점이 잃어버리는 지원자. 또, 멍한 지원자. 대게 그런 친구들을 보면 외워서 말하는 지원자이다. 머릿속에 어떤 순서로 말할지 생각하면서 말하는 지원자들의 특징이다.

공무원 면접 강사로 활동하다 보니 다양한 학생과 상담을 한다.
이때, 큰 특징을 찾을 수 있었다. 수험 기간이 짧은 학생들은 편안하게 대화를 하려고 한 태도가 보였다. 눈 맞춤은 많이 어색하지만, 그래도 대화가 끊기지 않고 자연스럽게 상담을 할 수 있었다. 하지만, 수험 기간이 길어질수록 대화가 자연스럽게 이어가지 못했다. 혼자 공부하는 시간이 길어질수록 또는 독학을 하면서 공부를 하기 때문에 외부와 단절된 삶을 사는 경우가 많다. 그뿐만 아니라 얼굴 표정도 변화가 없고, 목소리에 힘이 없는 준비생들이 허다하다. 혼자 집중해서 공부하기 때문에 얼굴 표정은 당연히 굳어지고, 가족 이외에 친구들과도 만나는 경우가 거의 없기 때문에 말을 할 수 있는 기회가 많이 없었다고들 말한다. 많은 수험생들은 눈 맞춤에 익숙하지 않은 것이다.

✓ 내 눈을 바라봐 면접지원자

M 지원자는 지역 인재 9급을 준비하는 친구였다. 그 친구는 인상이 참 좋아서 '밝고 선하다'의 호감형이었다. 그런데 면접 수업을 하면서 의외의 면을 발견했다. 말하는 중간에 자기도 모르게 "어?" "뭐지?"라는 추임새를 종종 뱉으면서 눈동자를 위로 올려 답변을 생각하곤 했다. 실제로 면접 답변을 준비할 때 기억이 나지 않으면 눈동자를 위로 올려 생각하는 경우가 종종 있다. 그런데 눈동자를 위로 올린다고 해서 답이 머리 위에 둥둥 떠다니는 것이 아니다. 불안한 심리로 면접관의 눈동자를 피해 위를 바라보는 것이다. 하지만 면접관 입장에서는 그런 모습이 몹시 탐탁지 않을 것이 뻔하다. 그래서 연습할 때 앞에 거울을 두고 내 눈을 직접 바라보면서 말하는 연습을 시켰다. 하지만 문제는 자꾸 입버릇처럼 나오는 "어? 뭐지?"가 고쳐지지 않는 것이다. 고질적인 습관을 고치기 위해서 전체적인 답변을 머릿속으로 그림을 그린 후 말하는 트레이닝을 시켰다. 말을 하다가 군더더기 말을 한다면 흐름이 끊기기 마련이다. 속으로 해야 할 말이겠지만, 그걸 입 밖으로 내뱉는 것도 습관이다. 그래서 전체적인 흐름을 그리면서 말하기를 훈련을 하고, 눈을 피하지 않고, 내 눈을 내가 바라보는 연습을 통해서 흐름이 끊기지 않고 여유 있게 말하는 연습을 할 수 있었다. 그 결과 일반행정에 합격할 수 있었다.

Tip 면접 눈 맞춤

면접에서 눈을 보고 이야기하는 것은 정말 중요하다.
나에게 질문을 하는 면접관만 바라보는 것이 아니라, 옆에 있는 면접관과도 3초 이상 눈 맞춤을 해야한다.
즉, 면접 상황이라고 가정한다면 나에게 질문을 하는 면접관 70% 바라보고, 다른 면접관에게는 30% 고루 눈 맞춤하는 연습을 하자.

(2) 올바른 자세는 곧 인성이다

프로이트의 정신분석에 따르면 사람의 마음은 의식, 전의식, 무의식 등 삼원 구조로 나뉜다고 한다. 우리가 자각하고 있는 의식은 빙산의 일각에 불과하고 그 밑에 거대하게 숨겨져 있는 것이 무의식이다. 평소엔 잘 인식되지 않지만 주의를 기울이면 알아차릴 수 있는 전의식적 과정이 중간이다. 따라서 면접관이 지원자의 자세를 통해 그들의 전의식과 무의식적 모습을 관찰함으로써 임용이 되었을 때 그들의 태도나 습관을 읽을 수 있는 단서를 찾을 수 있다.

책상에 오랫동안 앉아서 공부하는 수험생들의 특징은 자세가 엉망이다. 어쩔 수 없는 증상일 수밖에 없다. 어깨를 펴서 공부하기보다는 구부리고 공부하는 경우가 생겨 등까지 굽은 경우도 많다. 거북목은 말할 것도 없다. 그래서 면접 지도를 할 때 가장 많이 강조하는 것 중 하나가 바로 자세다. 의자에 앉아 모의면접을 하면 어깨가 굽어져 허리를 펴서 앉으라고 거듭 지도한다. 또, 거북목은 턱을 아래로 당겨서 말하는 습관을 가지라고 말한다. 또, 자세가 좋지 않은 사람들 중에서 새우잠 자는 경우도 많이 있을 것이다. 그런데 자세는 무엇을 생각하든 그 상상 이상으로 중요하다. 과연 이 책을 읽는 여러분의 자세는 어떠한가?

 힙합을 사랑한 면접 준비생

> ㄴ 지원자는 지방직 공무원을 준비하고 있었다. 평소 목소리에 자신감이 넘쳐서 면접 답변이 쏙쏙 귀에 잘 들어왔다. 그래서 참 적극적이라는 느낌을 받았다. 하지만 면접을 할수록 적극적인 느낌보다는 뭐랄까, 껄렁껄렁한 느낌을 받았다. 자세히 보니, 그 친구는 말을 할 때 오른손을 과하게 제스처를 사용하고, 몸에 리듬을 주고 있었다. 농담반 진담반으로 평소 힙합을 좋아하냐고 물어보니, 가장 즐겨듣는 음악이 힙합이란다. 사실 평소에 리듬을 타는 행동이 면접 때 그대로 나오는 경우가 종종 있다. 또, 제스처를 많이 사용하는 걸 알고 있었느냐 라고 물어보니 친구들이 한 번씩 말해 주긴 했는데, 이렇게까지 많이 쓰는지 몰랐다고 말했다. 오히려 면접관 입장에서는 잦은 제스처가 산만해 보일 수 있고, 오히려 가르친다는 느낌을 심어줄 수 있는 오해의 소지라는 것을 알려줬다. 또, 어깨를 펴서 바른 자세를 하는 것은 중요하지만 어깨를 흔들며 몸을 사용하는 행동은 좋지 않다. 그래서 오히려 손은 제스처를 사용하지 않도록 무릎 위에 주먹을 쥐어 움직이지 않게 고정을 했다. 또, 거울을 보면서 말하는 습관을 통해 움직이는 어깨와 자세를 교정할 수 있었다. 그 결과 지방직 일반행정에 합격할 수 있었다.

평소 면접 때 자세는 긴장하면 습관적으로 나오기 마련이다. 평소 나의 자세를 잘 관찰하면서 자세를 교정해보자.

Tip 하루에 15분씩 자세연습

- 가까이 있는 벽으로 다가간다.
- 등을 벽 쪽으로 하고 선다.
- 벽에 어깨의 양 끝을 기댄다.
- 손바닥이 벽에 닿도록 붙인다.
- 엉덩이를 벽에 붙인다.
- 두 무릎이 닿게 하고 종아리를 벽에 붙인다.
- 발뒤꿈치를 닿게 벽에 붙인다.
- 이 때 시선은 정면보다 살짝 위쪽을 향하게 한다.
- 배꼽 밑 단전에 힘을 주고 버텨보자.

 의 면접 정의

"매너가 사람을 만들듯
자세는 면접을 바꾼다"

(3) 면접을 위한 복장 및 이미지메이킹

① 남성의 면접 복장 구매

- **정장컬러** : 면접에서 호감을 주는 정장 컬러는 "네이비"이다. 실제로 다크 네이비, 감청색이라고 불리는 어두운 네이비 계열을 추천한다. 가장 신뢰감을 주는 컬러이다. 공무원 면접에서 제일 깔끔하고 스마트해 보이는 컬러이다.
- **셔츠** : 셔츠는 흰색의 기본 스타일로 구매하자. 요즘 유행하는 스타일이라고 해서, 차이나 셔츠, 와이드 셔츠 등 다양하게 구매하는 지원자들이 많다. 하지만 기본 스타일로 구입하는 것이 돈도 아낄 수 있는 방법이다.
- **시계** : 시계를 착용해서 성실한 이미지를 주자. 시계를 착용한다면 시간 약속을 잘 지키는 이미지를 줄 수 있다. 메탈이나 가죽 상관없다.
- **바지** : 바지 길이는 구두의 1/3을 덮을 정도로 맞추는 것이 제일 좋다. 요즘 바지 정장의 길이를 짧게 줄이는 경우가 많은데 의자에 앉았을 때 많이 올라가는 경우가 많다. 그렇기 때문에 구두가 살짝 덮을 정도의 기장을 맞추는 것이 좋다.
- **정장스타일** : 정장 스타일은 더블버튼이 아니라 투 버튼으로 구입하자. 공무원 면접에서 더블버튼은 자유분방해 보일 수 있기 때문에 피해 입자. 나중에 합격해서 많이 입자. 지금은 튀지 않고 무난하게 갈 수 있는 투 버튼 정장을 구입하자. 어떤 지원자는 너무 획일화되어 다른 정

장을 입고 싶다고 말한다. 오히려 그렇게 면접 복장을 입게 되면 다른 지원자들 사이에서 튀기 때문에 공무원 조직에 잘 적응하지 못할 거라고 생각하는 경우도 있다. 또, 개성이 강한 사람으로 비칠 수 있다. 공무원 조직은 개인 업무를 하는 곳이 아닌 협업을 통해서 업무를 하는 곳이니 개성 강한 정장보다는 깔끔하고 무난한 스타일로 입어보자.

- **구두** : 구두는 끈이 있는 옥스퍼드 구두를 신는 것이 좋다. 옥스퍼드 구두에도 플레인 토, 스트레이트 팁, 윙 팁으로 크게 나눌 수 있다. 공무원 면접에는 플레인 토 또는 스트레이트 팁을 구입하는 것이 좋다. 화려한 것보다 기본으로 가자.
- **넥타이** : 넥타이는 단색 무지의 솔리드 타이 또는 선이 있는 줄무늬 타이인 '스트라이프 타이'를 추천한다. 또, 넥타이 폭이 좁은 슬림 타이보다는 폭이 넓은 넥타이가 좋다. 블랙 타이나 화려한 넥타이는 추천하지 않는다.
- **양말** : 면접 때 신어야 하는 양말은 보수적이며 짙은 단색 양말이 좋다. 발목 양말은 의자에 앉았을 때, 발목이 휑할 수 있다. 또, 흰색 양말은 NO, 발목 양말도 NO!
- **벨트** : 벨트 컬러는 구두나 바지 컬러에 맞추는 것이 좋다. 하지만 버클에 로고가 있거나 화려한 디자인은 시선이 집중되므로 피한다. 면접 정장용 벨트 버클은 장식이 없이 작고 단순한 디자인이 좋다.
- **포켓치프, 커프스, 타이바** : 포켓치프, 커프스, 타이바는 모두 뺀다. 포켓치프는 재킷이나 슈트의 왼쪽 가슴에 꽂는 손수건으로, 행거치프라고 한다. 커프스는 셔츠 소매 부분에 단추 대신 사용하는 액세서리, 타이바는 타이를 고정시켜주는 것이다. 포켓치프나 커프스, 타이바는 정말 직장인 같은 느낌을 줄 수 있다. 돋보여야 하는 건 면접자 본인이지, 액세서리가 아니다.

② 남성 지원자의 올바른 헤어, 메이크업 연출법
- **헤어스타일** : 심한 투블럭은 피하자. 공무원 면접에서 헤어스타일은 최대한 단정하게 하자.
- **메이크업** : 면도를 깨끗하게 하여 청결한 이미지를 주자. 이마와 눈썹을 드러낸다. 이마와 눈썹이 보이면 신뢰도가 상승한다. 눈썹 끝부분만 깔끔하게 정리하면 더 정리되어 보이고 신뢰감 있어 보인다. 비비크림을 사용하자. 얼굴이 하얗게 만들 정도가 아닌, 조금만 덜어서 발라보자. 그러면 깨끗하고 밝은 느낌을 줄 것이다.

③ 여성의 면접 복장 구매
- **정장 컬러** : 블랙, 다크 네이비 등 진한 컬러를 선택한다. 여자 정장을 구매하기 위해서 아웃렛을 가게 되면 블랙 컬러밖에 없다. 이 부분은 나도 참 아쉽다. 하지만 다른 밝은 정장을 선택하면 가벼워 보일 수 있기 때문에 진한 컬러를 추천한다. 컬러가 통일된 스커트 또는 바지 정장을 입는다. 하체가 통통하다고 생각하는 친구들이 바지 정장을 많이 입는다. 하지만, 스커트를

입는 것이 가장 좋고, 바지가 편하다고 생각하면 바지를 입어라.

- **셔츠** : 전문성을 심어주는 '셔츠'를 입자. 여성 블라우스는 정말 다양한 종류가 많다. V넥, U넥, 탑 등 다양한 종류가 있지만 단연 최고는 '셔츠'이다. 흰색 셔츠는 더 전문적으로 보이며, 여성적인 느낌이 나지 않기 때문에 강력 추천하는 셔츠이다.

- **치마 길이** : 요즘 치마 길이는 다 짧게 나오는 편이다. 하지만 치마의 기장은 무릎 정도의 길이가 적당하다. 무릎 위로 올라가면 앉았을 때 더 많이 올라간다는 것을 명심해라.

- **스타킹** : 여름에도 스타킹, 겨울에도 무조건 스타킹이다. 너무 덥다고 스타킹을 신지 않는 지원자가 있지만, 그건 예의 없는 행동이다. 치마에 스타킹을 신는 것은 기본적인 매너이다. 스타킹의 색은 '살색' 또는 '커피색'을 신자.

- **액세서리** : 액세서리는 모두 뺀다. 피어싱을 하거나, 귀걸이가 화려한 경우, 반지 목걸이를 착용하는 경우가 있다. 밝게 빛이 나야 하는 것은 액세서리가 아니라 '지원자'이다.

- **구두** : 실제로 다리가 예뻐 보이는 구두 굽은 7cm라고 한다. 하지만 평소 구두를 신지 않는 학생이라면 3~5cm가 제일 좋다. 구체적으로 말하면 구두를 꼭 신어보라고 권유해보고 싶다. 그 다음 걸었을 때, 인사했을 때 몸이 흔들리지 않아야 한다. 안정적으로 내가 걷고 인사할 수 있는 구두를 구입해라. 또, 앞코가 막힌 스틸레토 혹은 플레인토를 구입하는 것이 가장 좋다. 유광보다는 무광이 관리하기 더 쉽다.

④ 여성 지원자의 올바른 헤어, 메이크업 연출법

- **헤어스타일** : 머리는 깔끔하게 묶자. 머리는 귀밑으로 깔끔하게 포니테일 스타일로 묶어보자. 머리 길이가 애매하다고 하면 묶자. 정말 짧은 경우만 단정하게 머리를 풀자. 인사할 때 머리가 흐트러진다. 그리고 깔끔한 인상을 줄 수 있는 것은 머리를 묶는 것이다.

- **메이크업** : 깔끔한 피부화장을 하자. 눈썹 라인, 아이라인, 입술에 포인트를 주자. 단, 속눈썹, 스모키, 립글로스 사용은 피한다. 그리고 가볍게 눈썹과 아이라인을 그리고 입술은 코랄 또는 레드 계열로 발라보자. 이때 쥐잡은 듯 빨갛게 바르기보다 적당하게 터치 정도로 하자. 최근 메이크업 숍을 방문해서 헤어&메이크업을 받고 가는 경우가 많다. 심지어 어떤 면접관은 신부 화장하고 온다고 생각하는 경우가 많다. 그렇기 때문에 깔끔하고 단정한 스타일로 꾸며보자.

공무원 조직은 보수적이다.
복장이 형식적이라고 해서 재킷을 벗고 들어가거나, 개성 있는 복장은 절대 추천하지 않는다.
면접 기본 복장에 충실하자.

(4) 면접 입·퇴장 자세 매너

"인사는 무관심의 벽을 허문다."

특히, 면접 상황에서 인사는 면접 초기 지원자의 인상을 결정하는 가장 중요한 요소다. 첫인사만으로 '우수'에 가까워질 수도 있다는 것!

> ## "면접 입장 시
> ## 모든 말과 행동을 분리한다"

면접 인사의 주요 포인트는 세 가지이다.

첫째, 말을 먼저 하고 동작을 한다.

우리가 평소에 사람을 만날 때 하는 인사는 멘트와 동작을 함께한다. 하지만 면접은 공적인 자리이기 때문에 말과 행동을 정확하게 분리시켜서 인사해야 한다. 그래서 면접관을 보며 "안녕하십니까."라고 말을 하고 인사한다.

둘째, 목을 숙여서 하는 인사가 아니라 엉덩이를 뒤로 빼는 인사를 하자.

인사에는 정답은 없다. 하지만 정중하고 예의를 갖춰 인사하는 것이 중요하다. 크게 목만 숙여서 인사하는 경우도 있고, 고개를 앞으로 빼서 멀뚱멀뚱 쳐다보는 경우도 있다. 하지만, 엉덩이를 뒤로 빼서 하는 인사가 정답이다. 이때, 마음속으로 5초를 세어보자. 하나, 둘, 셋은 천천히 엉덩이를 뒤로 빼고 인사하고 넷, 다섯은 빠르게 올라오면 된다. 이때 허리를 숙이면서 잠시 멈췄다가 일어나면 절도 있는 느낌을 줄 수 있다.

셋째, 면접관과 아이콘택트이다.

입장할 때 면접관을 바라보면서 하는 목례(눈인사)가 중요하다.

인사하기 전에 면접관들에게 눈 맞춤을 적극적으로 해야 면접을 할 때 아이콘택트가 좀 더 쉽다. 인사하기 전에 면접관의 얼굴을 또렷하게 보지 못한다면 면접을 하면서도 시선이 자꾸 바닥으로 가거나 눈을 맞추지 못하는 경우가 많다.

그렇기 때문에 면접 입실할 때 눈 맞춤, 인사하기 전 눈 맞춤, 퇴장하기 전 눈 맞춤 3번의 아이콘택트를 잊지 말자. 실제로 다른 건 다 고쳐져도 눈 맞춤이 고쳐지지 않으면 그 면접은... 아쉽지만 별로 희망이 없다.

① 면접 입 · 퇴장 자세

- 어깨에 힘을 빼고 차려 자세를 취한다.
- 남자의 경우, 뒤꿈치를 붙이고 양 발의 각도는 30도 벌린다. 또는 어깨 넓이로 벌린다. 여자의 경우, 두 발을 붙여본다.
- 남자의 경우, 가볍게 계란이 깨지지 않을 정도로 주먹을 쥐고, 바지 봉제선상에 위치한다. 여자의 경우, 오른손이 왼손을 덮도록 하여 아랫배 위에 둔다.
- 면접관의 눈을 바라본다. 눈을 보는 게 어려울 경우 미간을 바라본다.
- 허리에서 엉덩이를 뒤로 뺀다고 생각하며 45도 숙인다. 키가 큰 경우에는 더 숙여보자.
- 인사 후에는 상대방의 눈을 바라본다.

② 단체 면접

- 힘 있게 노크를 두 번 한다.
- 문을 열고 들어가서 면접관과 아이콘택트 후 목례한다. 지원자를 보지 않고 서류를 보고 있을 수 있지만, 그래도 면접관을 응시하며 목례한다.
- 내가 마지막 순서라면 두 손으로 문을 닫는다.
- 의자까지 당당하게 걸어간 후 어깨를 펴고 남자는 달걀을 움켜쥔 자세로 어깨를 펴고 바른 자세, 여자는 오른손이 위로 오게 공수자세를 한다. 이때 여자는 다리를 붙이고, 남자는 어깨넓이로 살짝 벌린다.
- 의자 앞에 서서 내가 마주하고 있는 면접관과 고루 눈 맞춤을 한다. 이때 면접관과 아이콘택트를 하지 않으면 면접 때도 눈을 쳐다볼 수 없다.
- 1번이 "차렷, 경례" 크게 외친 후 "안녕하십니까." 라고 말을 먼저하고 인사한다. 이때 고개만 떨구지 말고, 엉덩이를 뒤로 빼서 정중하게 인사한다. 또, 키가 큰 지원자의 경우 살짝 숙이면 정중하지 않다는 인식을 심어줄 수 있기 때문에 더 깊게 숙여서 인사해보자.
- "앉으세요."라고 말하면 "네, 감사합니다."라고 자연스럽게 말한 후 앉는다.
- 남성은 다리를 어깨넓이로 벌린 상태에서 주먹을 쥐고 허벅지 위에 손을 올린다. 또 왜소한 체격을 가진 남성 지원자라면 살짝 어깨가 더 넓어 보일 수 있도록 팔을 A 라인으로 만든다.
- 여성은 어깨를 펴고 A 라인으로 팔 모양을 만든 후 치마 밑단과 무릎 선에 손을 포갠다. 앞에서 면접관이 치마 사이가 보이지 않도록 가릴 수 있도록 한다.
- 답변할 때 어깨 펴고 목에 힘주지 말고, 상체가 면접관 쪽으로 향할 수 있도록 만든다.
- 면접관이 "퇴장하세요.~"라고 말하면 가볍게 목례를 한 후, 일어서서 면접관과 아이콘택트 한다. 이때, 1번은 "차렷, 경례"라고 외친다.
- 먼저 "감사합니다."라고 말한 후, 정중례 인사를 한다. 그리고 어깨를 펴고 시선은 정면을 보며 당당하게 나간다.

③ 개인 면접

- 힘 있게 노크를 두 번 한다.
- 문을 열고 들어가서 면접관과 아이콘택트 후 목례한다. 지원자를 보지 않고 서류를 보고 있을 수 있지만, 그래도 면접관을 응시하며 목례한다.
- 그리고 두 손으로 문을 닫는다.
- 의자까지 당당하게 걸어간 후 어깨를 펴고 남자는 달걀을 움켜쥔 자세로 어깨를 펴고 바른 자세, 여자는 오른손이 위로 오게 공수자세를 한다. 이때 여자는 다리를 붙이고, 남자는 어깨넓이로 살짝 벌린다.
- 의자 앞에 서서 내가 마주하고 있는 면접관과 고루 눈 맞춤을 한다. 이 때 면접관과 아이콘택트를 하지 않으면 면접 때도 눈을 쳐다볼 수 없다.
- 그리고 가장 가운데에 있는 면접관의 눈을 바라보며 "안녕하십니까, ○○○입니다." 말을 먼저 하고 인사한다. 말과 행동을 분리한다. 이때 고개만 떨구지 말고, 엉덩이를 뒤로 빼서 정중하게 인사한다.
- "앉으세요."라고 말하면 "네, 감사합니다."라고 자연스럽게 말한 후 앉는다.
- 남성은 다리를 어깨넓이로 벌린 상태에서 주먹을 쥐고 허벅지 위에 손을 올린다. 또 왜소한 체격을 가진 남성 지원자라면 살짝 어깨가 더 넓어 보일 수 있도록 팔을 A 라인으로 만든다.
- 여성은 어깨를 펴고 A 라인으로 팔 모양을 만든 후 치마 밑단과 무릎 선에 손을 포갠다. 앞에서 면접관이 치마 사이가 보이지 않도록 가릴 수 있도록 한다.
- 답변할 때 어깨 펴고 목에 힘주지 말고, 상체가 면접관 쪽으로 향할 수 있도록 만든다.
- 면접관이 "퇴장하세요."라고 말하면 가볍게 목례를 한 후, 일어서서 면접관과 아이콘택트 한다.
- 먼저 "감사합니다."라고 말한 후, 정중례 인사를 한다. 그리고 어깨를 펴고 시선은 정면을 보며 당당하게 나간다.

찌니쌤의 Key point

면접의 시작, 입장 인사할 때 "모든 말과 행동을 분리한다."

찌니쌤의 면접 정의

"스펙이 아닌 눈으로 기억되게 하자"

(5) 면접의 합격을 좌우하는 이미지메이킹 "자기 목표 설정"

'내가 생각하는 나'와 '타인이 생각하는 나'의 차이가 클 때는 아무리 좋은 스펙을 가졌더라도 면접에서 좋은 성과를 기대하기 어렵다.

한번 예시를 들어보자. F라는 지원자에 대한 자신의 평가와 주변의 평가 사례를 들어보자. F라는 지원자는 스스로 참 괜찮은 사람이라고 생각한다. 말보다는 행동이 빨라서 일을 척척 빠르게 실행한다고 생각한다. 그뿐만 아니라 무슨 일이 생기면 두 손 걷고 적극적으로 나서는 성격이기 때문에 주변 사람들이 오히려 고마워한다고 생각한다. 그리고 쿨한 성격을 가지고 있기 때문에 세세한 일은 털어버리고 긍정적으로 생각하려고 한다. 하지만 그 F라는 지원자의 주변의 평가는 상반된 평가이다. 즉, 말보다 행동이 빨라서 급하게 행동하는 경우가 많다고 한다. 또, 일을 많이 벌여서 마무리 일이 깔끔하지 못한다고 한다.

자신의 평가	주변의 평가
• 행동이 빠르다. • 끈기가 있다. • 모든 면에서 적극적이다. • 착하다. • 세세한 일에 구애받지 않는다.	• 성급하다. • 끈질기다. • 너무 끼어드는 경향이 있다. • 깔끔하지 못하다. • 막무가내이다.

서로 상반된 평가지만, 충분히 나올 수 있는 결과다. 우리 모두는 자신에게 너무 관대하기 때문이다. 하지만 사회에서는 타인의 평가를 통해 자신의 가치가 결정되는 경우가 많아 타인에게 보이는 모습을 많이 고민해야 한다.

공무원에 적합한 이미지는 조직원들과 함께 협업을 할 수 있는 사람, 봉사정신이 투철하고 사명감 있는 인재 정도일 것이다.

실제로 미국의 한 사회심리연구에 의하면, 이와 비슷한 연구결과가 나왔다고 한다. 3년 이상 근속 근무한 직장동료 50명에게 A라는 사람에 대한 평가서를 하나씩 받았다고 한다. 그 평가서에는 A라는 사람의 인품과 성격, 업무능력 등 종합적으로 평가해서 100점 만점에 몇 점인지 체크를 하게 했다. 그뿐만 아니라 본인 스스로도 인품과 성격, 업무능력 등 종합적으로 평가해서 몇 점을 주겠는지에 대한 설문조사를 했더니 아주 놀라운 결과가 나왔다.

모든 직원들이 동료에 대해 평가한 것과, 자기 자신이 평가한 것은 점수 차이가 났을까?

주관적인 자아(내가 보는 나의 이미지)와 객관적인 자아(타인이 나를 보는 이미지)는 다르다고 한다. 내 스스로 평가한 점수는 80점이었다. 하지만 타인이 나를 바라보는 점수는 60점이었다. 즉, 주관적인 자아와 객관적인 자아는 굉장히 다르다는 것이다.

그 20점이라는 GAP에서 오해와 갈등이 생긴다는 것이다.

자, 그렇다면 스스로 이미지를 평가해보자.

현재 나의 이미지는? (내가 생각하는 이미지)

타인이 바라보는 이미지는? (친구가 피드백 해주는 나의 이미지)

'면접관에게 드러났으면 좋겠다.' 하는 추구하는 이미지

Tip 전반적인 인상과 성격 파악

- **말에 의한 판단**
  - 말하는 것을 보면 품위와 기상을 알 수 있다.
  - 말이 또박또박하면서 음성이 둥글고 부드럽다. → 침착, 안정, 규율적
  - 음성이 깨지거나 탁하다. → 힘이 없어 보여 체력이 약하다.
  - 빠르게 말한다. → 성급하고 생각의 폭이 좁다.
  - 말이 두서없이 나온다. → 생각하지 않는 사람으로 소신이 없다.
  - 말투가 충동적이다. → 반항적이며 자기중심적이다.
  - 말을 더듬는다. → 마음은 초조하고 급하다.
- **걸음걸이에 의한 판단**
  - 바른 자세로 점잖게 앉는다. → 예의 바르고, 안정적이다.
  - 어수선하게 걷는다. → 안정감이 없다.
- **앉은 자세에 의한 판단**
  - 뒤로 기대지 않고 약간 앞으로 나와 앉는다. → 적극적인 성격의 소유자.
  - 앞으로 구부리고 웅크려 앉는다. → 소극적으로 보이며, 자신감이 없어 보인다.
  - 다리를 꼬고 앉아 발을 움직인다. → 예의가 없고, 침착함이 부족하다.
- **아이콘택트에 의한 판단**
  - 면접관을 대할 때 얼굴을 옆으로 외면한다. → 자신감과 신뢰성이 부족하다.
  - 눈을 자주 깜빡거린다. → 거짓말을 말하고, 긴장한다.
  - 눈을 감고 말한다. → 거짓말을 한다.
- **제스처에 의한 판단**
  - 앉아서 시종 손을 흔든다. → 신경질적이고 불안정하다.
  - 손으로 여러 가지 제스처를 쓴다. → 적극적으로 보이지만 면접관을 가르치는 이미지를 줄 수 있다.
- **퇴장하는 태도에 의한 판단**
  - 일찍 나가려고 서두른다. → 조급하고 소심해 보인다.
  - 퇴장하면서 의자나 문을 걷어차거나 부딪힌다. → 불안정하다.

PART 1

공무원 면접, 자신감 있고 신뢰감을 주는 스피치

- **표정**
  - 표정은 첫인상을 결정짓는 가장 큰 요소이다.
  - 첫인상은 짧은 시간 내에 결정된다.
  - 표정은 전염성이 크다(특히, 입실해서 면접관의 표정에 동요되지 말 것).
  - 표정은 상대를 밝게 만드는 또 하나의 힘이다. 내가 하는 말과 일치되는 표정을 짓자.
- **시선**
  - 미간은 찌푸리지 말고, 초점을 맞춰 면접관의 눈을 본다(눈을 보지 못할 경우에는 미간을 바라볼 것).
  - 눈동자는 항상 중앙에 위치하도록 한다.
  - 면접관과 눈높이를 맞춰 이야기한다(턱은 너무 내리지도 말고, 올리지도 말 것).
- **미소**
  - 입꼬리가 올라가게 한다(말할 때, 인사할 때 등).
  - 위 치아가 보일 수 있게 웃으면 더 좋다.
  - 내가 하는 말과 일치되는 표정을 지어야 한다. 하지만 호감을 주는 표정은 설득력을 더한다.
- **면접에서 하지 말아야 하는 표정**
  - 위로 치켜뜨는 시선, 아래로 내려 뜨는 시선
  - 곁눈질
  - 한곳만 응시하는 시선
  - 크게 소리 내며 웃는 웃음

02 Voice(청각 이미지) 메이킹

우리가 말을 할 때 목소리가 주는 영향은 생각보다 크다. 미국의 커뮤니케이션 학자 앨버트 메라비언은 말할 때 상대방에게 주는 가장 큰 요소가 바로 '목소리'라고 했다. 목소리(38%), 표정(35%), 태도(20%), 논리(7%) 순이었다. 똑같은 스토리지만 어떤 목소리를 말하느냐에 따라 전달되는 메시지의 효과는 달라진다.

면접에서 가장 갖추어야 할 목소리는 바로 "자신감이 있는 목소리"다. 목소리는 곧 체력에서 나오고, 체력은 모든 일에 끈기와 집중력을 가져다주기 때문이다. 내 목소리의 자신감은 어느 정도일까? 생각해 본 적 있나? 많은 면접 지원자들이 면접 동영상을 촬영해보면 목소리에 가장 크게 놀라곤 한다. '제 목소리가 아니라 다른 사람 같아요.' '목소리가 잘 안 들려서 웅얼거려요.' '자신감 없어 보여요.'라는 말을 한다.

분명히 큰 목소리로 한다고 생각했는데, 목소리가 작게 느껴진다는 친구들도 있고, 목소리가 작아서 웅얼거린다는 친구. 그리고 소리가 앞으로 나오지 않고 안으로 들어가는 '먹는 소리'를 내는 친구. 실제로 내가 실제로 소리를 내는 것보다 달라서, 또는 내가 느끼는 목소리와 달라서 놀라는 경우가 많다. 하지만 목소리는 시간과 노력을 투자하면 분명히 바뀔 수 있다.

그렇다면 지금 나는 어떤 목소리를 가지고 있는지 목소리 진단을 먼저 해보자.

(1) 목소리 진단 및 피드백

목소리 진단
※ 시작 전, 핸드폰에 음성녹음 버튼을 눌러주세요. 안녕하십니까. 공무원 최종 합격이라는 꿈을 이루기 위해 도전하는 ○○○입니다. 여러분, 면접 '우수'를 받기 위해서는 어떤 것이 필요할까요? 여러분은 오늘부터 2가지만 기억하시면 됩니다. 첫째, 음성언어입니다. 올바른 음성언어란 사람들의 마음을 사로잡는 힘 있는 음성, 정확한 발음, 스피치를 맛깔나게 만드는 음성언어를 말합니다. 말하고자 하는 내용을 명료하게 전달하면서도 자신감이 느껴지는 음성이 매우 중요합니다. 둘째, 시각언어입니다. 말하는 사람의 밝은 표정, 자세, 면접관을 바라보는 적극적인 눈 맞춤이 이에 해당합니다. 자신이 말하는 모습을 촬영해 직접 모니터 하는 것이 큰 도움이 됩니다. 면접을 잘 보는 방법은 어렵지 않습니다. 2가지 언어를 끊임없이 연습하고 자신감 있게 스피치를 한다면 여러분은 공무원 최종 합격이라는 목표를 이루게 될 것입니다. 감사합니다.

체크List		
• 목소리 크기		☐ 작다 ☐ 크다
• 입모양		☐ 작다 ☐ 적당하다 ☐ 크다
• 발음 문제는 없는가?	☐ 자음 ☐ 모음 ☐ 이중모음 ☐ 받침 ☐ 기타 ( )	
• 호흡 길이		☐ 짧다 ☐ 적당하다
• 의미에 맞게 잘 끊어 읽는가?		☐ 그렇다 ☐ 아니다
• 중요한 부분은 강조해서 읽는가?		☐ 그렇다 ☐ 아니다
• 내용과 목소리 분위기가 어울리는가?		☐ 그렇다 ☐ 아니다

녹음한 목소리를 들어보니 어떤가? 맞다. 많이 어색하다. 그럼 1번부터 7번까지 각 항목에 목소리를 들으며 자가 진단을 해보자.

① 목소리는 크게

내 목소리를 많은 면접관이 들을 수 있도록 큰 목소리로 이야기를 해야 한다.

이때, 큰 목소리를 내야 한다며 목을 쥐어짜는 소리는 안된다. 내가 내기 힘든 목소리는 상대방도 듣기 힘들다. 배에 힘을 주고 소리를 멀리 보낸다는 생각으로 말하는 연습을 해보자.

② 입모양은 정확하게

평소에 말하는 사람들을 유심히 살펴보면 한 가지 입 모양으로 발음을 하는 경우가 있다. 대충대충 발음하는 경우가 그런 경우이다. 하지만 말은 한 글자씩 정확하게 말하는 연습을 해야 한다. 실제로 입을 작게 벌려서 말하는 경우는 목소리도 작고, 발음이 꼬이고, 소심해 보인다. 하지만, 입을 크게 벌려 말하는 친구들은 목소리도 크고, 발음도 정확할뿐더러 적극적으로 보인다. 그래서 크고 정확하게 해보자.

③ 발음은 또박또박 천천히

한글은 자음과 모음으로 나눌 수 있다. 이때는 단어, 문장이 아닌 한 글자씩 발음하는 연습을 해보자. 나의 스토리를 잘 전달하기 위해서는 또박또박 천천히 말하는 것이 중요하다.

④ 호흡은 안정적으로

호흡이 평소에 짧은 사람들은 평소 말을 할 때 목소리가 떨리거나, 염소 소리가 난다. 그래서 말을 오래 하면 목이 아프고, 갈라진다. 이는 흉식호흡으로 목소리를 내기 때문이라고도 정의할 수 있다. 말을 할 때 숨을 들이마시고 말하는 연습을 해보자. 이때, 코로 숨을 들이마시고, 입으로 뱉은 훈련을 반복적으로 해보자. 훨씬 소리가 깊이 있고, 안정감이 느껴지는 목소리가 될 것이다.

⑤ 의미에 맞게 끊어 읽기

"원고를 보고 말해주세요." 라고 하면 흔히 읽는다. 우리가 초등학교 때 배운 국어 과목은 '읽기, 말하기, 듣기, 쓰기' 4가지로 나뉘어 있는데 우리는 스피치를 할 때 과연 읽을까? 말할까? 그냥 읽는다. 말하는 사람은 없고, 그저 원고 읽기에 급급하다. 그렇기 때문에 의미에 맞게 잘 끊어 읽지도 못할뿐더러 말의 내용이 잘 전달되지 않는다. 그래서 항상 의미에 맞게 읽는 연습을 해야 한다.

⑥ 중요한 부분은 강조하기

변화가 없는 목소리는 매력이 없고, 쉽게 설득할 수 없다. 내 이야기를 전달할 때도, 상을 수상했던 경험이나 그 경험을 통해 느꼈던 교훈이나 느낀 점은 더 강조하면서 읽어야 한다. 의도적으로 강조하는 것도 좋지만 제일 좋은 것은 영혼을 담아서 이야기하는 방법이다. 말을 할 때, 그때의 감정과 경험을 생생하게 담아서 말하는 방법을 익힌다면, 굳이 강조하지 않아도 자연스럽게 강조가 될 것이다.

우리 몸은 악기와도 같다.
사람들은 각자 자신이 가지고 있는 몸으로 소리를 내며 연주를 하고 있다.
즉, 소리를 내기에 앞서 스트레칭을 해보자.
긴장되는 상황에서는 몸이 굳어져서 자세가 움츠리는 경우가 많다.
그렇기 때문에 스트레칭을 통해 몸을 유연하게 풀어주고, 연습을 해보자.

> **Tip** 스피치 발성하기
>
> • 다리를 어깨 넓이로 벌리고 손은 배꼽 아래 단전에 올려놓고, 깊은숨을 들이마신다.
> • 숨을 잡아 둔 채 단전에 힘을 주면서 "안녕하십니까."로 소리 내어 본다.
> • 상대가 가까이 있다고 생각하고 소리를 내보자. 그리고 점점 상대가 멀어진다고 생각하며 볼륨을 더 높여 소리를 내어 본다. 이때, 목소리 톤을 높이는 것이 아니라 목소리 성량을 크게 내는 것이다. 또, 호흡을 한 번에 빼지 말고 고르게 빼야 한다. 절대 목을 쓰지 말 것
> • "아~~" 100M앞에 과녁을 맞힌다고 생각하면서 소리를 앞으로 보내본다.
> • 입을 벌려 크게 만들고, 소리는 앞으로 나간다고 생각하면서 말하는 연습을 해본다.

> **Tip** 목 관리 방법
>
> 커피를 줄이고 '미지근한 물'을 마시자. 기침하는 습관은 버리고 '허밍 하는 습관'을 갖자.

(2) 발음 훈련을 잘 하려면?

① 입을 크게 움직이기

입 모양이 작으면 소극적으로 보이지만, 입 모양을 크고, 정확하게 하면 더 적극적으로 보인다. 실제로 입모양을 더 크고 정확하게 하면 발음도 좋아져서 똑 부러져 보이고, 자신감이 넘쳐 보이는 이미지를 줄 수 있다.

특히 한글은 자음과 모음을 나누어져 있다. 짧은 시간 안에 효과를 보기 위해서는 자음보다는 '모음'에 집중해서 연습하자.

'아~' 발음은 아래턱을 최대한 아래로 내리고 혀는 편안하게 아래에 둔다.

'에~' 발음은 아래턱을 '이'보다 약간 내리고 혀끝도 '이'보다 조금 내린다.

'이~' 발음은 상치가 다 보일 정도로 입꼬리를 위로 향하게 웃으면서 옆으로 벌려보자.

'오~' 발음은 아래턱을 '에' 높이에 두고 입술을 내밀면서 동그랗게 한다.

'우~' 발음은 아래턱을 '이'처럼 올리고 입술은 둥글게 오므려 앞으로 내민다.

자, 그러면 실습을 해보자.

"안녕하십니까, 김수진입니다."라는 말을 따라 해보겠다.

이 때, 각자 이름을 넣어 인사를 해보자. 발음이 어떤가? 정확하게 발음을 하고 있는가?

잘 안된다면 모음만 따로 분리시켜서 "아여아이이아, 이우이(이름)이이아" 5번 따라 해보자.

그러고 나서 "안녕하십니까, 김수진(이름)입니다."라고 말하면 훨씬 자연스럽고 정확한 발음으로 하는 것을 볼 수 있다.

② 천천히 또박또박 말하기

사람마다 말이 빠른 사람이 있고 천천히 하는 사람들이 있다. 평소에는 말을 천천히 하다가도 긴장이 되면 말이 빨라지는 경우가 굉장히 많이 있다. 그래서 일상생활에서 연습하는 것이 중요하다. 내가 아무리 좋은 이야기 소재를 가지고 있어도 발음이 좋지 않아서 잘 전달이 되지 않은 경우가 있다. 그뿐만 아니라 요즘은 코로나19로 마스크를 쓰고 이야기하기 때문에 전달력에서 취약해질 수밖에 없다.

말이 빠른 경우는 2가지 유형으로 나눌 수 있다.

첫째는 문장과 문장 사이에 쉼이 없는 경우이고 둘째는 말이 빠른 경우이다.

글에 마침표와 쉼표가 있는 것처럼, 말에도 쉼(Pause)을 주자. 천천히 말하기를 통해 면접관에게 나의 이야기를 임팩트 있게 전달하도록 하자. 또, 나의 이야기가 면접관에게 잘 설득될 수 있도록 입을 부지런히 움직여서 말하는 연습을 해보자.

면접에 있어서 큰 목소리는 곧 자신감을 의미한다. 면접에서의 목소리는 앞에 면접관의 수에 비례해서 나의 목소리의 볼륨이 높아져야 한다. 이때, 목소리의 톤을 높이라는 것이 아니다. 오히려 말을 할 때 톤을 높이면 내 목이 아플뿐더러 듣는 사람도 피곤해진다.

면접에서의 올바른 목소리는 내 목이 편해야 듣는 사람도 편하다.

이때, 목소리의 볼륨을 높여보자!

최소가 10에서 100이라는 가정을 해보자.

친구와 편하게 1:1로 말하는 대화체는 30의 볼륨이다.

하지만, 1:多의 스피치에서 60의 볼륨은 더 크게 해야 한다. 왜냐하면 듣는 사람이 훨씬 더 많기 때문이다.

90의 볼륨은 웅변이나, 정치하는 사람들의 목소리이다.

공적 스피치에서의 올바른 목소리의 크기는 60의 목소리이다.

3단계 발성
나는 멋있는 사람이다. (30) 나는 어디서나 꼭 필요한 인재이다. (60) 나는 세상 하나뿐인 소중한 존재이다. (90)

5단계 발성
나는 언제나 밝게 웃는다. (20) 나는 적극적으로 인사한다. (40) 나는 열정적인 사람이다. (60) 나는 뭐든지 해낼 수 있는 사람이다. (80) 나는 공무원 면접에 합격할 것이다.(100)

PART 1

공무원 면접, 자신감 있고 신뢰감을 주는 스피치

발음연습

가 갸 거 겨 고 교 구 규 그 기 게 개 괴 귀

나 냐 너 녀 노 뇨 누 뉴 느 니 네 내 뇌 뉘

다 댜 더 뎌 도 됴 두 듀 드 디 데 대 되 뒤

라 랴 러 려 로 료 루 류 르 리 레 래 뢰 뤼

마 먀 머 며 모 묘 무 뮤 므 미 메 매 뫼 뮈

바 뱌 버 벼 보 뵤 부 뷰 브 비 베 배 뵈 뷔

사 샤 서 셔 소 쇼 수 슈 스 시 세 새 쇠 쉬

아 야 어 여 오 요 우 유 으 이 에 애 외 위

자 쟈 저 져 조 죠 주 쥬 즈 지 제 재 죄 쥐

차 챠 처 쳐 초 쵸 추 츄 츠 치 체 채 최 취

카 캬 커 켜 코 쿄 쿠 큐 크 키 케 캐 쾨 퀴

타 탸 터 텨 토 툐 투 튜 트 티 테 태 퇴 튀

파 퍄 퍼 펴 포 표 푸 퓨 프 피 페 패 푀 퓌

하 햐 허 혀 호 효 후 휴 흐 히 헤 해 회 휘

건강하고 매력적인 목소리를 만들기 위해서 다음과 같이 연습해보자.

면접을 준비하기 전에 30분 정도 발음표를 ㅏ, ㅣ ㅇ으로 입을 크게 벌려서 연습해보자.

그리고 나서 쉬운 문장, 어려운 문장 순서대로 읽ㄴ ㅑ슈을 하자.

이때는 입을 크게 부지런히 벌리면서 말하는 연습을 하고, 천천히 또박또박 말하는 연습을 하자.

정확한 전달력을 위한 보이스 트레이닝

- 가랑가랑 가랑비 오면 고교구규 개구리가 노래를 하고 개구리가 고교구규 노래를 하면 가랑비가 가랑가랑 내린답니다.
- 그 옆집 콩밭은 검정 콩밭이고 내 집 콩밭은 강낭콩 밭이며 검정 콩밭에 강낭콩 밭이 있고 강낭콩 밭에 검정 콩밭이 있다.
- 나풀나풀 나비가 나팔꽃에 날아가 놀고 있는데 날리리 날리리 나팔소리에 놀라 나팔꽃에서 놀지 못하고 나리꽃으로 날아갔대요.
- 담임선생님의 담당 과목은 영어 담당이고 담임 닮은 선생님의 단골집 주인은 닭장에서 닭 모이를 주는 게 그의 취미이다.
- 라일락꽃 같은 라이안의 처녀들이 랄라라라 랄라라라 춤을 춥니다.
- 모락모락 맛있는 만두를 말썽꾸러기 말복이가 마구간 말들에게 말없이 줘버린 말썽스러운 일이 있었다.
- 백합 백화점 옆에 백화 백화점이 있고, 백화 백화점 옆에 백합 백화점이 있다.
- 숲속 동굴 속에 숨어 있는 살쾡이가 살랑살랑 살쾡이 꼬리를 살래살래 흔들면서 살금살금 슬금슬금 사람들을 피해 다닙니다.
- 앙증맞은 우리 아기 앙앙앙 울음보가 터지면 아빠도 엄마도 언니도 오빠도 아무도 못 말려요.
- 잘 익지 않는 고기는 잘근잘근 썰어서 조물조물 주물주물 주물러 주신 후 다시 구우세요.
- 추운 겨울에도 초롱이는 칫솔에 치약을 묻혀 치카푸카 치카푸카 칫솔질을 해요.
- 키가 큰 코끼리가 쿨쿨 코를 골며 자고 있는데 쿵쿵쿵 큰 소리를 내며 코뿔소가 키 작은 코알라에게 다가갔어요. 키 작은 코알라는 콩콩콩 가슴이 뛰었지요.
- 탱글탱글 오렌지를 톡 터뜨리면 새콤달콤 오렌지 주스가 되지요. 탱글탱글 토마토를 통째로 한입에 먹을까, 통글통글 토마토를 토막토막 썰어서 나눠먹을까
- 포도밭에서 먹는 포도는 포도향기가 풍풍 풍기고 포장마차에서 먹는 파전은 파 냄새가 팡팡 풍긴다.
- 하늘의 하얀 구름은 요술쟁이인가 봐, 하마도 되고 호랑이도 되고, 해님도 하하하 웃고 있네요.

입을 부지런히 움직여라

❀ 되도록 위, 아래로 많이 벌리는 것이 좋다.

입을 벌릴 때는 입술이 아니라 입(위턱뼈와 아래턱뼈)을 열어라.

한 글자, 한 글자씩 천천히 또박또박 읽어라.

혀와 목을 이완된 상태로 유지하기 위해 물을 자주 마셔라.

발음 연습할 때 음성녹음을 한 후, 항상 들어봐라.

자주 웃을 일을 만들어보며 내 얼굴의 표정근을 충분히 자극하라.

 의 면접 정의

"가장 큰 학습 효과가 나는 게 발음이다.
포기하면 진다는 것이다"

(2) 고운 목소리보단 설득력 있는 목소리

같은 내용을 이야기해도 남들을 움직일 수 있는 사람과 그렇지 못한 사람이 있다. 바로 '목소리' 때문이다. 즉, 목소리의 사운드 파워 차이 때문인 것이다. 우리는 자신감이 넘치는 얼굴을 보고, 신뢰감이 느껴지는 목소리를 들음으로써 상대방에 대한 호감도가 크게 올라간다. 첫인상을 결정하는 데 목소리는 표정이나 외모와 같은 시각 정보만큼이나 아주 중요한 정보다. 듣는 사람의 관심을 끌고 정보를 정확하게 전달하기 위한 목소리의 사운드 표현 전략인 '사운드 오럴 스트레티지(sound oral strategy)'가 있다. 단어, 목소리 높이, 이야기 속도, 이야기할 때 강조와 브레이크(정적의 순간) 등을 종합해 전략적으로 디자인하는 것이다! 이때 중요한 건, 단어 · 높이 · 빠르기 · 음량 · 정적 · 억양 6가지다. 영혼이 없고 단조로우며 작은 목소리거나, 발음이 불분명하거나 빨리 말하거나 말끝을 흐리는 것은 설득력이 부족한 목소리 TOP6에 포함된다.

 임팩트를 찾은 면접 준비생

> G 지원자가 국가직 면접을 준비할 때였다. 지방에서 거주하지만 사투리가 심하지 않았던 G는 사투리 걱정이 많은 다른 이들에 비해 억양에 대한 걱정은 하지 않았다. 하지만 억양이 없고 단조로운 목소리를 가지고 있어서 부드럽고, 유한 이미지를 줄 수 있었다. 하지만, 면접에 있어서 너무 부드러운 느낌만 주는 것도 독이 될 수 있다. 업무에 있어서는 정확한 이미지도 심어주어야 한다. 그래서 목소리에 임팩트를 심어주기로 했다. 즉, 앞 글자 단어를 강하게 강조하는 연습을 통해서 말이다. 그리고 소리가 시원하게 잘 나오지 않을 때에는 상체를 살짝 숙여 그 단어를 강조할 수 있도록 연습하였다. 그 결과 유하고 선하지만, 목소리에 더 힘이 생겨 결단력 있는 이미지를 줄 수 있었다.

할 말이 너무 많은 면접 준비생

H 지원자는 지역 인재 9급 면접 준비생이다. 평소 도전적이고 열정이 강한 친구였다. 학교에서 다양한 활동을 해오면서 하고 싶은 이야기가 많았는데 면접 시간은 터무니없이 부족했던 게 문제였다. 결국 말은 빨라지고 발음이 뭉개지는 일이 생겼다. 할 말이 너무 많아도 스토리 가지치기 단계의 단계가 꼭 필요하다. 그 후에는 입을 크게 벌리고 천천히 또박또박하는 연습을 했다. 할 말이 많을수록 오히려 입을 크게 벌리는 연습을 통해서 말의 속도를 조금 늦춰야 한다. 또, 평소에 연습할 때에도 발음 하나하나 또박또박 연습할 수 있도록 지도했다. 그 결과 처음에는 무슨 말인지 알아들을 수 없었던 말이 천천히 귀에 쏙쏙 들어와 면접 스피치를 한 결과 일반행정 9급에 합격할 수 있었다.

PART 1

공무원 면접, 자신감 있고 신뢰감을 주는 스피치

 의 면접 정의

"면접은 듣게 되는 목소리를 쫓아간다"

면접 컨설팅을 하면서 흔히 보는 보이스 문제는 '아성'이다. 아성이란 아기처럼 말하는 것으로 혀 짧은 소리나 앵앵거리는 소리이다. 특히, 여성 지원자의 경우 아성 문제로 신뢰감을 주지 못하는 경우가 많다. 이성에게는 귀여운 스피치로 매력적으로 보일 수 있지만 면접관에게는 오히려 독이다. 아성으로 말하는 사람의 특징은 입을 크게 벌리지 않는다. 그렇기 때문에 입으로 소리가 나오는 것이 아니라 코로 나오는 것이다. 신뢰감을 주는 목소리를 만들기 위해서는 상치와 하치, 즉, 입 근육을 부지런히 사용해서 가로 근육뿐만 아니라 세로 근육까지 정확하게 발음한다면 좋은 결과를 얻을 수 있다.

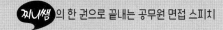의 한 권으로 끝내는 공무원 면접 스피치

PART 2

공무원 면접
평정요소 및
질문 유형

공무원 면접의 모든 것

모두가 공무원이 되려 하는 이유는 제각각이다. 안정적인 직장에 대한 열망, 부모님의 강요, 특별히 하고 싶은 게 없던 진로 방향, 나라를 위한 일을 하고 싶은 봉사 정신, 사주에 관운이 박혀있다는 이유 등등.. 수많은 준비생들을 상대하면서 그 수만큼 공시생이 되기까지의 다양한 스토리도 알게 됐다. 하지만 이렇게 다른 우리는 이제 자세로 면접에 임해야 한다. '공무원이 되기 위해 태어난 사람'으로 무장하자.

이제부터 내 지난 삶은 모두가 공무원 면접에 스토리가 되고, 소스가 될 수 있다.

단점도 장점이 되고, 장점도 단점이 될 수 있다. 그러려면 먼저 공무원 면접의 특징을 뼛속까지 파악하고 내 몸 온 감각에 빠르게 습득해야 한다.

01   공무원 면접의 시험 방법

(1) 국가직

9급의 경우 5분 스피치와 개별면접으로 이뤄진다. 면접 진행 방식은 경험, 상황형 질문으로 자기기술서가 나오며, 발표면접을 한다.

(2) 지방직

지역 인재를 뽑는 만큼 지역 시정 현안 질문이 빠짐없이 나온다. 임용기관에 따라 면접 방식이 차이가 있지만, 주로 자기기술서 작성과 개별면접으로 진행된다. 또는, 토론면접을 병행하는 경우가 있다.

(3) 서울시

5분 스피치와 개별면접이 40분간 실시된다. 면접은 시험 당일 제시되는 스피치 질문지를 15분간 검토한 뒤 4분 발표와 개별면접 순으로 진행한다.

(4) 경찰/소방

개별면접과 집단면접으로 나눠지며, 개별면접에는 사전조사서를 바탕으로 질문과 함께 개인에게 인성 질문이 출제된다. 또, 집단면접에는 토론을 진행하기도 하며 기본적인 질문을 하기도 한다.

※ 상기 내용은 일반적인 면접 절차이므로 실제 면접과 다소 차이가 있을 수 있다.

02　공무원이 갖춰야 할 자격 점검

(1) 인성(예의, 품행, 성실성)

면접관이 지원자에게서 가장 보고 싶어 하는 부문이 인성이라고 할 수 있다. 필기시험을 통해서는 지원자의 인지적 능력을 확인하였다고 한다면, 조직 생활에서 중요한 것은 인성이다.

면접 시간 안에 한 사람의 인성을 파악하는 건 무리일 수 있다. 인성은 살아온 삶과 밀접한 연관이 있기 때문이다. 하지만 두려워하지 말자. 면접관이 파악하고 싶은 인성은 딱 두 가지 정도다. 공무원 조직에 어울리는 사람인지, 타인과 같이 협업을 할 수 있는 사람인지 정도.

"인성 부분 질문에 대한 답변은 혼자서도 업무처리를 하는 것에는 무리가 없지만, 팀 혹은 동료와 같이 할 때 더 좋은 성과를 낼 수 있는 결론을 도출하길 바란다."

결국, 방향성을 유지해 한쪽으로 치우치지 않는 사람이라는 것과 그러므로 조직에 잘 적응해 잘 협업할 수 있는 사람이라는 것을 어필해야 한다.

(2) 도덕성(정직성, 봉사성, 공무원으로서의 정신자세와 적성)

인성적인 부분에서 타인과 어울리지 못하고 조직에 적응하지 못하는 것도 문제가 크지만, 사실 더 큰 문제는 조직에 대한 충성심과 공무원으로서의 최소한 윤리의식, 도덕성 결여다. 이는 한 개인의 잘못으로 끝나는 것이 아닌 우리나라 공무원 전체의 이미지에 타격을 줄 수 있기 때문이다. 또, 몇몇 공무원들의 개인적인 일탈이 공무원 조직에 큰 영향을 미치기도 한다.

그렇기 때문에 공무원은 개인의 이득보다는 국민에 대한 봉사 정신이 앞서야 하며 보다 정직하고 조직에 충성심을 가진 사람이 적합하다고 판단하기 때문에 면접관들도 지원자들의 공직자로서의 정신자세와 적성을 평가하고자 한다.

"자신의 도덕성, 윤리성의 점검 시 기준점을 공무원 준비, 혹은 공무원 결심 이전과 이후로 표현하는 것이 면접에 도움이 된다."

또한 미래 자신이 공무원이 되어서 어떤 부서에 들어가고 싶은지, 어떤 공무원이 되고 싶은지 구체적 계획이 있어야 하며, 10년 후 혹은 20년 후의 계획을 꼭 정립해야 한다. 단기간 아르바이트 면접이 아니기 때문에 향후에 대한 포부 또한 중요하다.

(3) 공무원 관련 역량(전문지식과 그 응용능력)

공무원 업무는 국민의 갖가지 민원사항으로부터 다양하고 일반적인 행정 업무 외에 법 지식까지 갖추어야 한다. 면접관은 지원자가 이러한 공무원 업무를 잘 소화할 수 있는 능력이 있는지 확인하고 싶어 한다. 또, 문제 상황에서 어떠한 절차와 방법으로 문제를 해결하는지 궁금해 한다.

"상황 질문을 대비하기 위해선 공무원 업무와 관련된 기본적인 법적 지식을 갖추고 있어야 하며, 공무원 업무가 어떠한 형태로 이뤄지는지 파악하고 있는 것을 권한다. 무엇보다 공무원 지원자로서 면접관에게 잘 보이고 싶은 욕구를 가지고 답변하기보다는 자신이 이미 공무원이 되어 앞의 면접관과 같은 동료 입장에서 답변하는 것을 권한다."

(4) 의사 발표의 정확성과 논리성

면접이 말로 이루어지기 때문에 면접 과정 전체를 통해 평가가 이루어진다. 우선 주어진 질문에 대해 정확한 답변을 하는지를 평가함으로써 이해력이라든가 커뮤니케이션 능력을 갖추고 있는지 알 수 있다. 그리고 지원자의 답변 내용을 듣고 적절한 논거를 가지고 있는지, 반론에 대한 적절한 대답을 하는지 보면서 논리성을 평가할 수 있다.

"자신의 개인적 질문에 해당하는 사항에 대해서는 정확한 의사 표현을 할 수 있을 정도로 외우는 것이 아니라 편안하게 면접관과 대화하는 차원까지 발전해야 한다. 또한 자신의 주장에 합당한 논리적 증거를 반드시 숙지하고 있어야 하며, 올바른 말하기 기술을 갖춰야 한다."

(5) 열정 (창의력, 의지력, 발전 가능성)

지원자의 독창성과 창의력을 가장 잘 드러낼 수 있는 것이 '공직에 대한 자신의 열정'을 표현하는 것이다. 면접관들은 공직에 대한 의지와 열정이 있는 사람이라면 미래 발전 가능성도 높다고 평가하기 때문이다.

열정은 절대 숨길 수 없다. 숨겨서도 안 된다. 마음껏 보여줘야 한다. 개인적인 가이드 입장에서도 가장 중요한 부분이라고 말해주고 싶다.

"왜 공무원이 되고 싶은가, 앞으로 어떤 공무원이 될 것인가"에 대한 이야기를 찾아서 표현하라.

(6) 공무원의 6대 의무

① 성실의 의무

② 복종의 의무

③ 청렴의 의무

④ 친절 공정의 의무

⑤ 비밀 엄수의 의무

⑥ 품위유지의 의무

(7) 공무원의 4대 금지 의무

① 직장이탈 금지의 의무

② 영리금지 및 겸직금지의 의무

③ 집단행동 금지의 의무

④ 정치운동 금지의 의무

(8) 공무원 5대 신조

① 국가에는 헌신과 충성

② 국민에게는 정직과 봉사

③ 직무에는 창의와 책임

④ 직장에는 경애와 신의

⑤ 생활에는 청렴과 질서

(9) 공무원 행동 강령

① 공정한 직무수행

② 부당이득의 수수 금지

③ 건전한 공직 풍토의 조성

(10) 공무원의 공직가치

분류	공직가치	행동준칙
국가관	애국심	대한민국의 헌법과 법률을 준수하고, 국가와 국가에 담긴 정신과 의미를 수호한다.
	민주성	국민이 자유롭게 참여하고, 의견을 이야기할 수 있도록 공개행정을 실천한다.
	다양성	글로벌 시대의 다양한 생각과 문화를 존중하고, 인류의 평화와 공영에 기여한다.
공직관	책임감	맡은 업무에 대하여 높은 수준의 전문성을 유지하며, 어떠한 압력에도 굴하지 않고 소신 있게 처리한다.
	투명성	국민의 알 권리를 존중하며, 공공 정보를 적극적으로 개방하고 공유한다.
	공정성	모든 업무는 신중히 검토하고, 행정절차에 따라 공정하게 처리한다.
윤리관	청렴성	공직자의 청렴이 국민 신뢰의 기본임을 이해한다.
	도덕성	준법정신을 생활화하고 공중도덕을 준수한다.
	공익성	봉사활동과 기부 등을 통해 생활 속에서 국민에 대한 봉사자로서의 역할을 다한다.

(11) 공무원 헌장

우리는 자랑스러운 대한민국의 공무원이다.

우리는 헌법이 지향하는 가치를 실현하며, 국가에 헌신하고 국민에게 봉사한다.

우리는 국민의 안녕과 행복을 추구하고 조국의 평화 통일과 지속 가능한 발전에 기여한다.

이에 굳은 각오와 다짐으로 다음을 실천한다.

하나. 공익을 우선시하며 투명하고 공정하게 맡은 바 책임을 다한다.

하나. 창의성과 전문성을 바탕으로 업무를 적극적으로 수행한다.

하나. 우리 사회의 다양성을 존중하고 국민과 함께하는 민주 행정을 구현한다.

하나. 청렴을 생활화하고 규범과 건전한 상식에 따라 행동한다.

(12) 공무원 헌장 실천 강령

① 부당한 압력을 거부하고 사사로운 이익에 얽매이지 않는다.

② 정보를 개방하고 공유하여 업무를 투명하게 처리한다.

③ 절차를 성실하게 준수하고 공명정대하게 업무에 임한다.

④ 창의적 사고와 도전 정신으로 변화와 혁신을 선도한다.

⑤ 주인 의식을 가지고 능동적인 자세로 업무에 전념한다.

⑥ 끊임없는 자기 계발을 통해 능력과 자질을 높인다.

⑦ 서로 다른 입장과 의견이 있음을 인정하고 배려한다.

⑧ 특혜와 차별을 철폐하고 균등한 기회를 보장한다.

⑨ 자유로운 참여를 통해 국민과 소통하고 협력한다.

⑩ 직무의 내외를 불문하고 금품이나 향응을 받지 않는다.

⑪ 나눔과 봉사를 실천하고 타인의 모범이 되도록 한다.

⑫ 공무원으로서의 명예와 품위를 소중히 여기고 지킨다.

 의 면접 정의

> "완벽한 사람이 아닌
> 기본에 충실한 공무원을 명심하자"

PART
2

공무원 면접 평정요소 및 질문 유형

03 공무원 면접 평정표

(1) 국가직

○○○○년도 9급 공개채용 면접시험 평정표

필적감정용기재란	(예시문) : 본인은 (응시자 성명)임을 확인함		
	본인 필적 :	직 렬(류)	행정직(일반행정 전국 : 일반)
		응시번호	0001
		성 명	홍길동
		생년월일	1022
		자필성명	홍 길 동

평정요소	위원평정		
	상	중	하
가. 공무원으로서의 정신자세	○	○	○
나. 전문 지식과 그 응용능력	○	○	○
다. 의사 표현의 정확성과 논리성	○	○	○
라. 예의, 품행 및 성실성	○	○	○
마. 창의력, 의지력 및 발전 가능성	○	○	○
계	① ② ③ ④ ⑤ ⓪	① ② ③ ④ ⑤ ⓪	① ② ③ ④ ⑤ ⓪
비고 :			서명란
1조 면접 위원 성명		서명	

시험위원 유의사항

- 우수 : 위원의 과반수가 5개 평정요소 모두를 "상"으로 평정한 경우
- 미흡 : 위원의 과반수가 5개 평정요소 중 2개 항목 이상을 "하"로 평정한 경우와, 위원의 과반수가 어느 하나 동일 평정요소에 대하여 "하"로 평정한 경우
- 보통 : "우수"와 "미흡" 외의 경우

(2) 지방직

○○○○년도 제1회 공개경쟁임용 면접시험 평정표

필기적감재정용란	(예시문) : 본인은 우측 응시자와 동일인임을 서약합니다.		직 렬(류)	행정9급(일반행정)
	본인 필적 :		응시번호	0001
			성명	(한글)
				(한자)
생년월일	⊠⊠⊠ 년 0 6 월 2 8 일			

평정요소	위원평정		
	상	중	하
가. 공무원으로서의 정신자세	○	○	○
나. 전문 지식과 그 응용능력	○	○	○
다. 의사 표현의 정확성과 논리성	○	○	○
라. 예의, 품행 및 성실성	○	○	○
마. 창의력, 의지력 및 발전 가능성	○	○	○
계	개	개	개
위 원 서 명	성 명		(서명)

다른 위원이 "하"로 평정한 항목		판 정	우 수	
			보 통	
다른 위원이 "하"로 평정한 항목의 개수			미 흡	
		담 당 확 인		

시험위원 유의사항

• 우수 : 위원의 과반수가 5개 평정요소 모두를 "상"으로 평정한 경우
• 미흡 : 위원의 과반수가 5개 평정요소 중 2개 항목 이상을 "하"로 평정한 경우와, 위원의 과반수가 어느 하나 동일 평정요소에 대하여 "하"로 평정한 경우
• 보통 : "우수"와 "미흡" 외의 경우

PART 2

공무원 면접 평정요소 및 질문 유형

3색 면접 3색 답변

01 자기기술서란?

과거에 응시자 사전조사서는 응시자의 학창 시절, 사회경험, 관심분야, 봉사활동 경험 등 7개의 큰 문항에 하위 문항이 몇 개 있는 형식으로 단답형 답변으로 충분했다. 하지만 변경된 자기기술서는 설문 항목이 2~3개로 줄어든 대신 심층적인 답변을 하도록 유도했다. 그래서 국가직 면접에서는 경험 기술형, 상황 제시형 주제로 구성되는 자기기술서에 대한 답변을 작성하여 제출하게 된다. 이는 공무원으로서 올바른 가치관과 인성, 직무능력을 평가하는 기초자료로 쓰이게 된다.

면접관은 작성된 자기기술서의 내용을 바탕으로 개별질문은 진행하며, 답변이 부실하거나 추가적인 내용 확인을 위하여 후속 질문을 진행한다. 또한 별도의 질문지를 통해 추가질문도 진행하게 된다. 따라서 해당 질문에 뒤따르는 추가질문을 반드시 대비해야 한다. 아무리 답변을 잘해도 진정성이 느껴지지 않는다면 면접관을 설득시킬 수 없다.

즉, 면접관을 진정성 있게 설득하기 위해서는 구체적인 자신의 경험과 이를 전달하는 스토리가 있어야 한다. 그런데 스토리란 뭘까? 지원자들은 스토리를 진짜 일어난 사건이라고 착각한다. '사건'과 '스토리'는 다르다. 스토리에는 메시지가 있다. 사건을 통해 '아~!'하고 알게 된 나만의 깨달음이 있어야 스토리가 된다. 메시지가 없는 사건은 잡담과 다름없다.

진정성 있는 스토리는 구체성이 있어야 한다. 구체성이 있는 원칙에는 '두괄식, 진행 상황, 결과 및 느낀점, 포부'가 들어가 있다. 내가 경험한 '사건'이 '스토리'가 되었을 때 면접관의 신뢰를 얻을 수 있다. 면접관은 스토리를 통해 지원자의 덕목을 발견하고, 공직관에 꼭 맞는 '우리화'된 사람이라는 확신을 가지게 된다.

자기기술서에 나타나는 주제 내용에 따라 자신의 경험과 장점이 최대한 잘 나타나도록 작성해야 한다. 이때, 너무 지나치게 경험을 부풀리거나 타인의 이야기를 자신의 이야기처럼 표현하는 것은 좋지 않다. 면접관이 추후 질의응답을 했을 때 어색하게 대답한다면 좋지 않은 점수를 받을 수 있다. 그렇기에 개인의 진정성 있는 스토리를 잘 작성해보도록 하자.

Tip 작성방법 & 작성요령

- 면접 시 응시생들은 면접시험 평정표(2매), 합격 통지용 우편봉투(1매), 자기기술서(1매)를 작성하게 되는데 자기기술서는 20분 이내에 작성해야 한다.
- 자기기술서를 작성할 때는 참고 자료의 열람이 허용되지 않는다.
- 자기기술서의 항목이 과거 응시자의 개인적인 경험을 기술할 것을 요구한다. 그렇기 때문에 구체적인 경험과 사실을 기술해야 하며 추상적인 관념 등을 피하는 것이 좋다.
- 보통 2~3개의 설문에 대해 답변을 하면 되는데, 보통 7~8줄로 작성하는 것이 적절하다.
- 구체적인 답변을 할 경우에는 서술식이나 단답식으로 작성해도 좋지만 요약해서 작성하면 좋다.
- 20분 이내에 2~3개의 질문에 답변을 하는 것은 어려운 일이다. 그렇기 때문에 평소 다양한 주제로 글을 써보고 자신의 경험을 풀어낼 수 있는 논리력과 분석력이 필요하다.

Tip 2020년 면접 특징

- 2020년 면접시험은 절차에 있어서는 2019년과 동일했다. 하지만, 면접 시간이 40분에서 30분으로 줄어들고, 기존 개별면접 과제가 경험, 상황면접 과제로 바뀌었다.
  - 2019년 : 5분 발표 과제 검토(10분)+5분 발표+개별면접 (40분)
  - 2020년 : 5분 발표 과제 검토(10분)+5분 발표+경험, 상황 면접(30분)
- 2020년 8월 19일 인사혁신처가 발표한 면접시험 응시요령 안내문에서는 경험 면접을 '응시분야 관련 이해도와 교과목 수강(전문 도서 자기학습 등 포함), 각종 활동 등 해당 분야의 직무수행능력 및 전문성 함양을 위해 평소 준비한 노력과 경험 등을 평가' 하는 것으로 설명하였다.
  하지만, 10월 15일 발표한 면접시험 응시요령 안내문에서는 경험 면접에 대한 설명에 기존 내용과 함께 '임용 이후 근무하고 싶은 부처(기관)와 담당하고 싶은 직무(정책)에 대해 기술'이 추가되어 있다.
  그렇기 때문에 중앙부처조직과 해당 부서의 업무 내용, 정책 등에 관하여 정확하고 구체적으로 파악하는 것도 도움이 된다.

 의 면접 정의

> **"경험형 질문을 통해 지원자의 과거의 행동을 파악하고, 상황형 질문을 통해 지원자의 미래 행동을 예측하게 한다."**

02 양자택일 상황형 면접

2020년 공무원 면접에서는 응시자가 양자택일해야만 하는 상황을 제시한 제시문이 많이 나왔다. 국가직 9급에서는 가장 많은 응시생들이 상황 제시형 문제에서 가장 어려워했으며, 지역 인재 9급의 면접 경우 상황형도 양자택일하는 상황이 나와 많은 면접자들이 곤욕을 겪었다. 게다가 서울시 교육공무원 시험의 경우 상황형 질문이 3문제까지 출제되기도 했다. 상황형 문제는 후속 질문을 통해 압박을 넣기도 하지만, 흔들리지 않고 논리적으로 답변할 수 있어야 한다.

면접관은 면접자가 대처하는 행동과 자세를 관찰하는데, 의도적으로 후속 질문을 통해 압박이나 꼬리 질문을 하기도 한다. 이때 당황하지 않고, 침착하게 일관된 주장을 펼치면 된다.

(1) 상황형 질문 유형

상황형 질문은 공직적 가치와 연관된 특정 업무 상황을 제시하고 어떻게 행동할 것인지를 묻는 유형이다. 양자택일 속에서 어느 곳에 치우지지 않으면서 현명하게 대처할 수 있는 답변을 요한다. 보통 '업무 대응'과 '민원 대응'을 상충하는 혹은 상반되는 질의응답이 대부분이다.

조직 내부 (동료 및 상사)	위반행위	부당한 지시, 불법행위 목격할 경우 어떻게 처리할 것인가
	업무 대응	상사 및 동료 간 업무와 관련된 갈등 발생 시
조직 외부 (민원인)	민원 대응	악성 민원 발생 시, 이해관계자와 갈등 발생 시

A 선택할래? B 선택할래? 라는 이분법적 질문이 나오기도 한다.

이때는 공청회, 간담회 개최, 유사 사례 조사 또는 조건부 시행, 단계적 시행, 지속적인 모니터링으로 답변 방향성을 잡아주면 좋다.

> **Q** 난 고속도로 관련 업무를 하는데 고속도로에서 버스 전용차로가 있다. 이 차로를 부분 해지하면 교통사고가 나고 버스 시간이 늦어진다. 그런데 이 고속도로 버스 전용차로는 버스가 많이 지나다니지 않는데, 개인차량이 갈 수 있게 부분 해지를 하겠습니까? (2020년 지역 인재 9급)
>
> **A** 네, 저는 부분 해지를 하지 않겠습니다. 왜냐하면 교통사고가 난다면 더 큰 피해가 될 것이고, 대중교통을 이용하는 국민들이 불편함을 겪으면 안 되기 때문입니다. 하지만 제 생각으로만 진행하기 보다는 국민의 의견을 들어보고 투명성 있게 해야 한다고 생각합니다. 이와 유사한 사례가 있었는지 조사해보고, 더 나아가 국민들의 의견을 수렴해서 조건부로 시행을 해본다든지, 지속적인 모니터링으로 투명성 있게 진행하겠습니다. 이상입니다.

(2) 상황형 답변 구성

1단계 : 판단
2단계 : 근거
3단계 : 보완

예시 01 상황형 답변

상관이나 동료와 트러블이 생겼을 때 어떻게 하시겠습니까?

	답변
판단	네, 트러블이 생겼다면 대화를 통해 풀려고 노력해보겠습니다.
근거	왜냐하면 상황을 피하기보단, 문제점이 무엇인지 이를 개선하기 위해 노력해야 하기 때문입니다.
보완	또, 대화를 하기 전 저의 행동이나 말에 문제가 없었는지 다시 한번 되돌아보도록 하겠습니다. 그후, 문제점의 원인을 찾아 대화로 차근차근 풀어나가도록 하겠습니다.

상황면접에서 갈등관리가 생기면 항상 대화로 풀려고 노력하는 것이 중요하다. 또, 민원인과의 관계 속에서 민원인의 말을 잘 경청하고, 공감해 주며, 내가 할 수 있는 범위 안에서 도와주면 된다. 계속해서 화를 내는 민원인 경우, 옆에 있는 상사에게 도움을 요청할 수 있다는 점도 염두에 두자.

예시 02 상황형 답변

상사의 지시와 자신의 견해가 다른 경우는 어떻게 하시겠습니까?

	답변
판단	네, 경험이 많으신 상사의 의견을 먼저 존중하고 따르겠습니다.
근거	하나의 조직체의 일원으로서 의견에 따르도록 하겠습니다. 그리고 상사의 지시에 대해 다시 한번 검토해보고 저에게도 문제가 없었는지 고찰하도록 하겠습니다.
보완	그러나 도저히 납득하기 어려운 경우라면 상관과 터놓고 이야기하겠습니다. 그때 진솔한 이야기를 하다 보면 합일점을 찾을 수 있다고 생각합니다. 이상입니다.

상황면접의 질문에서 판단을 하고, 근거만 제시한다면 꼬리 질문 및 압박질문을 받을 수 있다. 위와 같은 질문에 있어서도 '그렇다면 본인의 의견은 중요하지 않다는 건가요?'라고 질문을 받을 수 있다. 여기에서의 보완은 내가 내린 판단에 대한 나의 행동을 보완한다고 생각해 주면 좋다.

PART 2 공무원 면접 평정요소 및 질문 유형

예시 03　**상황형 답변**

업무 종료 후 민원인의 부탁을 들어주시겠습니까?

답변	
판단	네, 저는 업무를 도와드리겠습니다.
근거	왜냐하면 국민의 봉사자로서의 업무가 종료했다고 해서 제 역할이 함께 끝난다고 생각하지는 않습니다. 그래서 업무와 관계없이 늦게 오신 민원인도 성심성의껏 최선을 다해 돕도록 하겠습니다.
보완	다만 업무를 다 끝내고 나서는 가급적이면 업무시간 내에 찾아와 주시면 감사하겠다는 의견을 함께 전하도록 하겠습니다. 이상입니다.

우선, 내가 퇴근을 하지 않았다면 민원인의 업무를 적극 도와줘야 한다. 공무원은 국민의 봉사자로서 항상 맡은 일에 책임감을 가지고 해야 하기 때문이다. 내가 퇴근을 한 경우라면 어쩔 수 없지만, 민원인의 입장을 고려해봤을 때 일을 처리하기 위해 방문한 것이므로 최대한 업무를 도와주는 것이 좋다. 하지만, 다른 부서와의 도움이 필요한 경우 또는 퇴근한 주무관과의 일 처리가 필요한 경우는 조심스럽게 퇴근시간이 되어 연락이 힘들다고 업무시간 내에 방문해달라고 부탁하면 된다.

상황형 자기기술서 기출 질문

- 본인은 FTA로 인해 피해를 입은 A 작물에 대한 보상금을 지급해 주는 일을 하는 주무관이다. 하지만 FTA로 피해를 입은 것이 아닌 기후 등으로 인해 피해를 입은 B 작물 재배 농업인도 보상을 해달라며 항의한다. 하지만 보상을 해준다면 타 작물들도 보상을 해줘야 할 수도 있다. 또, 부서장도 민원 때문에 B 작물에 대한 보상을 해줘야 한다고 한다. 본인은 어떻게 상황을 처리할 것인가? (2020년 9급 농업직)
- 외국인 유학생이 늘어나는 상황에서 본인이 주무관으로서 외국인들의 아르바이트 규제를 완화할 것인지, 현행 유지를 할 것인지에 대해 판단하고 그에 대한 이유를 설명하시오. (2020년 출입국관리직 9급)
- 주민편익을 위해 공원 조성 계획 중 일부 장소에 멸종 위기 동물 서식지를 발견하였다. 환경단체 B는 계속 수정 요구, 지역사회 주민은 주민 편익 위해 그대로 진행할 것을 요구한다. 계획을 변경하면 비용과 시간이 많이 드는 상황이다. 어떻게 하시겠습니까? (2020년 경찰행정 9급)

 짜니쌤의 면접 정의

[
"하나를 택하지 말고,
다른 답을 찾아라"
]

03 평범한 경험을 포장하는 경험형 면접

경험은 말 그대로 내가 겪은 일을 토대로 스토리를 만드는 것이다. 하지만 얼마나 더 재밌게, 감동 있게, 의미 있게 스토리를 포장하느냐가 중요한 것!

(1) 경험형 질문 유형

경험형 자기기술서의 기출 질문은, 개인의 경험에 기초한 내용을 바탕으로 응시자의 공직 가치, 인성, 직무역량에 관한 증거를 찾고 평가하고자 하는 질문 유형이다. 면접 시 수험생이 사전에 작성한 본인의 경험과 사례를 바탕으로 추가 질문이 더 이어진다.

> **Q** 임용 이후 근무하고 싶은 부처(기관)와 담당하고 싶은 직무(정책)에 대해 기술하고, 응시분야 관련 이해도와 교과목 수강(전문 도서 자기학습 등 포함), 각종 활동 등 해당 분야의 직무수행능력 및 전문성 함양을 위해 평소 준비한 노력과 경험은?
>
> **A** 네, 제가 희망하는 부처는 국세청이며, 희망하는 부서는 징세법무국의 세정홍보과입니다. 왜냐하면 평소 국세청 홈페이지에 들어가 세금 신문을 자주 보면서 덕분에 쉽고 재미있게 세금에 대해 배워 궁금증을 해소했습니다. 그때 담당하는 부서가 세정홍보과인 것을 알았고, 부서에 대해 찾아보는 계기가 되었습니다.
> 저는 대학생 때 평소 한눈에 알아볼 수 있도록 UCC 영상을 제작하고, 편집하며 발표해본 경험이 있습니다. 그때마다 교수님에게도 칭찬을 받았고, 주변 친구들에게도 깔끔하고 한눈에 알아볼 수 있다는 칭찬을 받을 수 있었습니다. 그래서 세금 신문이나 홍보물 제작을 하는 세정홍보과에 들어가서 더 많은 사람들에게 세금을 쉽고 친근하게 알려주고 싶기 때문에 지원하게 되었습니다.
> ※ 세정홍보과는 국민들에게 세금에 관한 교육과 국세에 관한 홍보물, 안내 책을 만드는 업무를 한다. 세정홍보 콘텐츠 업무(조세 박물관 & 청소년 세금 교실), 디지털 소통 업무(온라인 홍보, 누리집 관리 등)

(2) 경험형 면접 답변 구성

'두괄식' – 두괄식, 결과부터 빠르게
'진행 상황' – 경험은 구체적으로 간략하게
'결과 및 느낀 점' – 그 경험을 통해서 얻은 결과와 느낀 점
'포부' – 우리 조직에 어떻게 기여할 것인지

예시 01   **경험형 답변**

최근 가장 열정적으로 도전했던 경험은?

	답변
두괄식	네, 최근 제가 가장 열정적으로 이뤘던 경험은 이번 한국사능력검정시험에서 1급을 취득한 것입니다.
진행 상황 (시기, 어려움, 해결방안)	저는 2019년 마지막 검정시험에서 아쉽게 떨어졌던 경험이 있었습니다. 그래서 이번에는 2주라는 짧은 시간을 효율적으로 사용하기 위해 스터디 플래너를 활용해 계획을 짜고, 체계적으로 공부를 하였습니다.
결과 및 느낀 점	또, 매일 6시간씩 범위를 정해 3회씩 읽어서 공부한 결과 96점이라는 고득점으로 1급을 취득하여 좋은 결과를 얻었습니다. 그 경험으로 어떤 일이든 최선을 다해 노력한다면 좋은 결과를 깨달을 수 있다는 것을 알 수 있었습니다.
임용 후 포부	공직에 입직해서도 체계적으로 계획을 수립해 업무를 수행하며 국가에 보탬이 되는 공무원이 되겠습니다.

이렇게 또렷한 수상을 했던 경험이나 자격증 취득한 경험이 있다면 두괄식 스피치 답변을 통해 미리 보여주는 것이 좋다. 두괄식 답변이 '핵심 포인트'이다.

예시 02   **경험형 답변**

가장 기억에 남는 봉사활동은 무엇이고, 느낀 점은?

	답변
두괄식	네, 저는 장애인 복지관에서 봉사활동을 했던 경험이 있습니다.
진행 상황 (시기, 어려움, 해결방안)	방학 때마다 일주일에 두 번씩 장애인 복지관에 방문하여 장애인분들과 함께 냉장고 서랍에 쓰이는 휠을 조립하는 일을 하였습니다. 처음 갔을 때는 워낙 어색해서 적막만이 흘렀지만, 제가 먼저 어색함을 깨기 위해 용기를 내서 웃으며 말을 걸어 대화를 시작할 수 있었습니다.
결과 및 느낀 점	처음만 어렵지 그 후부턴 말을 걸기 쉬웠고 봉사활동에도 익숙해져 갈 때쯤에는 복지관을 사용하는 친구들과의 대화도 원활하게 할 수 있었습니다. 또, 웃으면서 상대방에게 다가갈 수 있는 능력을 키울 수 있었습니다.
임용 후 포부	이러한 경험을 바탕으로 동기와도, 상사와도 어색하지 않도록 먼저 웃으며 말을 거는 적극성을 지닌 공직자가 되겠습니다. 이상입니다.

공무원이라면 기본적으로 갖춰야 할 봉사, 희생정신! 봉사활동과 관련된 답변에는 단기 봉사활동도 좋고, 꾸준히 오래 했다면 앞에 기간을 붙여주면 훨씬 끈기 있는 이미지를 심어줄 수 있다.

예시 03 **경험형 답변**

살면서 가장 힘들었던 경험과 이를 극복하기 위해 노력한 방법은?

답변	
두괄식	네, 저는 성적 슬럼프를 운동을 통해 극복한 경험이 있습니다.
진행 상황 (시기, 어려움, 해결방안)	고등학교에 적응하며 공부를 하다 보니 스트레스를 받았습니다. 그 후, 성적에 대한 불안감에 빠져 활기를 잃었을 때 부모님과 함께 등산을 하고 기분이 나아졌습니다. 그래서 운동을 해야겠다는 생각이 들어 합기도장에 등록 후 매일 운동을 다니기 시작했습니다. 운동을 통해서 체력과 인내심이 좋아져 공부를 하는데 도움이 되었고, 공부에 대한 스트레스가 있어도 땀을 흘리며 풀 수 있었습니다.
결과 및 느낀 점	결과적으로 합기도 유단자가 되고, 성적도 전교권을 유지하며 우수한 성적을 얻을 수 있었습니다. 또, 위기를 극복할 때 운동이나 취미 같은 자기계발이 중요하다는 것을 느낄 수 있었습니다.
임용 후 포부	이러한 경험을 바탕으로 꾸준한 자기계발을 통해 건강한 정서를 함양하고 위기를 기회로 삼아 성장하는 공직자가 되겠습니다.

대다수의 지원자들의 답변은 추상적이다. 하지만 경험에 대한 답변을 할 때만큼은 '나만이 할 수 있는 말(경험)'을 해야 한다는 것이다. 물론 뻔한 이야기를 나만의 경험처럼 이야기할 수 있는 스킬을 기르는 것도 좋다. 특별한 경험에서 매력적인 답변을 도출하고 확실한 근거를 덧붙여보자.

경험형 자기기술서 기출 질문

- 본인이 원하지 않는 조직 혹은 단체에 참여해서 주변의 도움과 조언을 받았던 경험에 대해 당시 상황과 내용, 그 결과에 대해 자세하세 기술하시오. (2019 국가직 일행)
- 임용 이후 근무하고 싶은 부처(기관)와 담당하고 싶은 직무(정책)에 대해 기술하고, 응시분야 관련 이해도와 교과목 수강(전문 도서 자기학습 등 포함), 각종 활동 등 해당 분야의 직무수행능력 및 전문성 함양을 위해 평소 준비한 노력과 경험을 기술하시오. (2019 국가직 일행, 직무형)
- 동료의 실수를 자신이 해결했던 경험과 그 결과를 서술하시오. (2019 국가직 교정직)

 의 면접 정의

"내 경험은 나를 빛내는 힘이다"

04 살을 붙이는 5분 스피치

(1) 5분 스피치란?

직렬과 연관된 것으로 정책, 시사 이슈에 관한 질문을 던지고 피면접자의 의견과 생각, 주장을 발표하게 하여 공무원으로서의 자질과 직무능력을 평가하는 것이다.

5분 스피치를 할 때 잘 할 수 있는 방법은 장문보다 단문으로 스피치를 하는 것이다. 즉, 문장의 길이가 짧아질수록 집중력이 높아지고 이해하기도 쉽다.

미국 오바마 대통령의 연설은 간결하고 반복적이다. 쉬운 단문을 반복하여 청중이 잘 기억하도록 한다. 스티브 잡스 역시 프레젠테이션 할 때 외국인도 쉽게 알아들을 수 있도록 짧은 단문으로 말하고 꼬리를 무는 형식으로 이어진다.

단문으로 말할 수 있는 방법은 주어가 다른 문장들을 연결하지 않고, 두 개의 문장으로 나누는 것이다. 즉, 말을 할 때 장황하게 장문이 되는 이유는 '~하며', '~해서~', '~하고' 등의 연결어미를 사용하기 때문이다. 짧은 말 속에 함축적인 의미를 담을 때 전달력이 높아진다는 것을 기억하자.

응시자는 10분의 준비 시간을 가진 뒤, 면접위원 앞에서 5분 이내에 자신의 의견을 과거의 경험이나 여러 사례를 곁들여 자유롭게 발표하면 된다. 실제로 면접 준비자들이 많이 부담스러워하는 게 바로 5분 스피치다. 친구들과 수다를 떨기엔 짧다면 짧은 시간이지만 면접에서의 5분은 5시간 같이 느껴지는 긴 시간이다.

하지만 우리는 이 5분이라는 시간을 끊임없이 반복해야 한다. 그래서 5분의 시간에 길들여져야 한다. 시험을 본다는 생각보다 '혼자 떠드는 시간'이라고 생각하자. 그래서 할 말을 늘려보자. 조금씩, 조금씩 살을 붙이자. 하지만 전제조건은 내용과 기술이다. 기승전결의 구조에 충분한 내용, 같은 분량의 이야기를 5분 동안 털어놓을 수 있는 기술을 훈련하는 거다.

빨라지거나 느려지거나 하지 않는 속도로 5분의 기 – 승 – 전 – 결을 만들자. 좀 더 나아진다면 안정된 목소리와 평정심을 유지하는 감정 컨트롤! 거기서 더 나아진다면 밝은 표정까지!

과제는 면접 당일에 제시되며, 헌법 가치와 올바른 공직자상, 공정성, 봉사, 청렴, 헌신 등 국가관, 공직관, 윤리관과 관련된 과제가 주어진다. 그렇기 때문에 공직가치 9가지를 다시 한번 숙지하고 공부하자.

개인발표와 상황형, 경험형 전반에서 공직관과 직무 전문성을 물어보는 질문이 강세를 나타냈다. 특히 올해 다양한 직렬의 '5분 스피치'에서 특정 사례나 제도를 제시하고 이와 관련된 공직가치에 대해 묻는 내용이 출제되었다. 또, 지역 인재 9급의 면접인 경우 2020년 처음 개인발표가 새롭게 도입되어 유추할 수 있는 공직가치에 대해서 물어보는 질문이 나오기도 했다.

공직가치에 관한 5분 스피치 주제(2020년)

- 블라인드 채용을 진행했을 경우 직무능력과 조직 적응력이 향상되었다. 이와 관련된 공직가치와 공직자가 가져야 할 자세는 무엇인가?
- 각기 다양한 분야의 사람들이 모여 일상생활 혹은 사회의 다양한 문제를 해결하는 것을 보고 유추할 수 있는 공직관은 무엇인가?
- A 부처는 유람선 장애인의 편의시설을 설치하는 B 부서를 만들었으며, 앞으로 B 부서는 다양한 장애단체와의 협의를 통해 유람선에 편의시설을 설치해 갈 것이다. 여기서 어떤 공직가치를 찾을 수 있는가?
- 드론 사업의 발전을 예측하고 선제적으로 대응한 주무관의 사례에서 유추할 수 있는 공직가치는?

Tip 국가직·서울시 5분 스피치 특징

- 서울시 5분 스피치 : 경험을 묻는 경향을 보인다. 주로 조직융화와 관련된 주제가 자주 출제(소통, 협업, 공동체의식, 갈등해결 등등)
- 국가직 5분 스피치 : 정책이나 사회문제 등에 대한 개선방안 또는 해결방안을 묻는 질문

Tip 5분 스피치 구성 방법

- 서론 – 본론 – 결론
  - 서론 : 현황 및 필요성 (신문기사 참고)
  - 본론 : 원인 및 해결방안
  - 결론 : 기대효과
- 서론 – 본론 – 결론
  - 서론 : 제시된 지문을 살짝 요약하기
  - 본론 : 경험과 느낀 점을 말하기
  - 결론 : 경험을 바탕으로 공직 임용 포부
- 서론에서 본론, 본론에서 결론으로 넘어갈 때
  - "다음은 ~원인에 대해 말씀드리겠습니다."라고 연결 멘트와 반복 멘트는 신경 써서 씩씩하게 말하는 연습하기
  - "이상으로 발표를 마치겠습니다."라고 명확하게 말하기

Tip 성공적인 5분 스피치를 하기 위한 방법

• 읽지 말고 말해라.

5분 스피치는 읽는 것이 아니라, 말하는 것이다. 그렇기 때문에 10분 정도의 시간에 시나리오를 쓰고 말하지 말고, 간단히 키워드로 정리하고 말하는 연습을 하자. 평소 연습을 할 때도 원고를 보며 말하는 것이 아니라, 앞에 거울을 보면서 말하는 연습을 해보자.

• 문장을 짧게 하자.

문장이 길어지면 말이 어색하고 이상해진다. 문장을 짧게 하는 습관을 가지면, 면접관도 이해하기 편할뿐더러 오히려 핵심만 간단히 말하는 스피치를 할 수 있게 된다.

• 두괄식으로 말하는 연습을 하자.

공직관이나 공직가치를 유추하는 질문이 나오는 경우, 키워드로 먼저 뽑아서 이야기하자.

• 문어체보다는 구어체로 말하자

실제로 말을 딱딱하게 하는 사람은 문어체를 사용하는 경우가 많다.

"하였습니다 → 했습니다" "되었습니다 → 됐습니다" 이렇게 말을 바꿔주면 훨씬 더 말하듯이 자연스러운 면접스피치가 될 수 있다.

• 웃으면서 말하는 연습을 하자.

우리는 면접에서 긴장하게 되면 얼굴이 굳어져 딱딱하게 말하는 경우가 많다. 하지만, 면접은 호감을 주는 것이다. 웃으면서 친절하게 말하는 연습을 하면 면접관의 마음도 열릴 것이다.

• 말끝을 분명히 하자.

정말 중요한 부분이다. 말을 하면 점점 말의 끝이 갈라지거나, 점점 작아지는 경우가 많은데 항상 말끝을 분명하게 하는 연습을 하자. 그러면 더 자신감이 느껴지는 스피치가 완성될 것이다.

• 나열식으로 말하지 말고 숫자로 첫째, 둘째, 나눠서 말하면 좋다.

나열식으로 말을 하면 잘 알아듣지 못한다. 자기 소개할 때도 나의 장점을 무조건적으로 나열하기보다는 첫째, 둘째, 셋째 나눠서 말을 하면 훨씬 잘 알아들을 수 있는 것처럼 스피치도 마찬가지다. 오히려 상대방을 배려해서 잘 들을 수 있도록 첫째, 둘째, 키워드로 정해서 말하는 연습을 하자.

Tip 5분 스피치 답변 sample

• 공직가치

– 도입 : 네, 지금부터 5분 발표 시작하겠습니다.

– 서론 : 제가 받은 제시문은 ~~입니다.

– 목차 : 그래서 유추할 수 있는 공직가치로는 _____, _____로 말씀드리겠습니다.

– 본론 : 첫째, _____입니다. 정의 및 사례, 정책

   둘째, _____입니다. 정의 및 사례, 정책

   셋째, _____입니다. 정의 및 사례, 정책

– 결론 : 이 세 가지를 바탕으로 공직 임용 포부

• 시사이슈

– 도입 : 네, 지금부터 5분 발표 시작하겠습니다.

– 서론 : 제가 받은 제시문은 ~~입니다.

– 목차 : 그래서 저는 첫째, _____와 둘째_____와 셋째_____순으로 말씀드리겠습니다.

– 본론 : 첫째, _____입니다. 정의 및 사례, 정책

   둘째, _____입니다. 정의 및 사례, 정책

   셋째, _____입니다. 정의 및 사례, 정책

– 결론 : 이러한 세 가지를 바탕으로 공직 임용 포부

예시 01 5분 스피치 답변

코로나19에 대비하기 위한 공직자의 자세와 노력 방법은?

네, 5분 스피치 시작하겠습니다.

제가 받은 제시문은 코로나19에 대비하기 위한 공직자의 자세와 노력 방법이었습니다.

저는 코로나19의 현황 및 문제점, 공직자의 자세, 공직자의 노력 방법에 대해 말씀드리겠습니다.

먼저 코로나19의 현황에 대해 말씀드리겠습니다.

코로나19는 중국 우한에서 처음 발생한 질병으로 접촉과 비말을 통해 호흡기로 감염됩니다.

대한민국은 전 세계 최초로 '드라이브스루 진료소'를 도입하여 코로나19를 잘 대처해 'K-방역'으로 좋은 평가를 받고 있습니다. 하지만 최근 우리나라 역시 일일 300명의 확진자가 발생해 심각성이 높아지고 있습니다.

이제 우리 정부는 사회적 거리 두기를 3단계에서 5단계로 세분화하였으며, 11월 13일부터 마스크 착용 의무화 정책을 실시하여 마스크 미착용 시 10만원의 과태료가 부과됩니다.

코로나19에 대비하기 위해 공직자에 대한 자세를 말씀드리겠습니다.

첫째, 책임감입니다. 왜냐하면 공무원은 나라와 국민을 위해 열심히 일해야 하기 때문입니다.

예를 들어, 코로나19 상황을 해결하기 위해 전국의 공무원들은 재난지원금 지급 등의 업무를 수행하고 있습니다. 또, 월 200시간이 넘는 비상근무, 최저 임금에도 못 미치는 선거사무 수당을 받으며 헌신하고 있다는 기사

를 본 경험이 있습니다. 저는 코로나19 상황을 해결하기 위해 책임감을 가지고 노력하는 공직자분들에게 감사함을 느끼며 저 또한 공직에 입직해 책임감과 헌신하는 자세를 바탕으로 국가 비상사태를 해결하기 위해 노력하는 공무원이 되겠습니다.

둘째, 공익성입니다. 왜냐하면 공무원은 봉사활동과 기부를 통해 생활 속에서 국민에 대한 봉사자로서의 역할을 다해야 하기 때문입니다. 예를 들어, 최근 교육부는 학생 499만 명에게 '농산물 꾸러미'를 제공하는 사업을 통해 코로나19 상황으로 피해를 입은 농가와 학부모의 식자재 부담을 완화하였습니다. 저 또한 '농산물 꾸러미'를 지원받으며 국민들의 편익과 복지 증진을 위해 힘쓰시는 공직자분들에게 감사함을 느꼈습니다. 저는 공직에 입직해 이러한 공익성을 본받아 국민을 진심으로 위하는 공무원이 되겠습니다.

마지막으로 노력 방법입니다.
먼저, 책임감입니다. 각 기관이 책임감을 가지고 코로나19상황을 적극적으로 대응할 수 있는 방안을 마련하는 노력이 필요합니다. 예를 들어, 교육부는 코로나19상황으로 인해 대면 수업이 어려워지자 디지털 교육을 구축하여 교육현장의 혼란을 최소화하였습니다.
또한, 온/오프라인 융합 교육을 활성화하여 학년별로 등교하는 방법을 통해 방역과 위생에도 큰 기여를 하였습니다. 그래서 저는 코로나19상황을 해결하기 위해서는 이와 같이 각 기관이 해결 방안을 적극적으로 마련하는 노력이 필요하다고 생각합니다.

둘째, 신종 코로나 바이러스 예방수칙을 준수하는 노력이 필요합니다. 왜냐하면 공무원으로서 국민의 모범이 되어야 하기 때문입니다. 예를 들어, 마스크를 평소에도 철저히 착용하고, 감염이 의심될 때 1339에 전화하는 것과 같이 공무원부터 신종 코로나 바이러스 예방 수칙을 준수하여 국민에게 본보기가 된다고 생각합니다.
마지막으로 공익성입니다. 공무원으로서 국민을 위해 헌신하는 봉사의식을 갖기 위한 노력이 필요합니다. 예를 들어, 한 공무원 부부가 올해 코로나19로 업무가 더욱 바빠진 만큼 공무원으로서 역할을 다하기 위해 일생에 한 번뿐인 신혼여행 휴가를 미루고 업무를 수행했다는 기사를 보았습니다. 전례 없는 국가 비상사태를 해결하기 위해서는 이러한 공무원의 투철한 봉사정신을 함양하기 위한 노력이 필요하다고 생각합니다.

예시 02 **5분 스피치 답변**

다음은 조지오웰의 〈동물농장〉을 각색한 것이다.

헛간에서 매주 회의가 열린다.
동물들은 다음 주 할 일을 토의하고 안건을 결정한다.
토론과 과반수 투표를 통해 결정하는데 풍차 건설과 관련해
소는 "풍차를 만들면 필요한 노동력이 줄어서 3일만 일해도 될 거야."라고 말하고,
돼지는 "지금은 식량수급이 필요한 때야, 그런 거에 시간을 낭비할 수 없어."라고 말한다.

몇 주째 회의에 참석하지 않은 당나귀는 이 두 의견을 듣고 "풍차가 있건 없건, 삶은 지금처럼 나쁘게 돌아갈 거야."라고 했다.

이 글을 통해 유추할 수 있는 공직가치와, 공직자의 입장에서 당나귀를 어떻게 회의에 참석시킬지에 대해 자유롭게 발표하시오.

네, 지금부터 5분 스피치를 시작하겠습니다.

제가 받은 제시문에는 조지 오웰의 동물 농장의 일부의 내용이 담겨있었습니다. 저는 이 제시문에서 모든 동물들이 함께 토론하고 투표 과정을 거쳤다는 부분에서는 민주성을, 소와 돼지의 의견이 다르게 나타났다는 부분에서는 다양성이라는 공직가치를 떠올릴 수 있었습니다.

첫째, 민주성입니다. 민주성은 국민의 자유로운 참여를 돕고, 의견을 수렴하는 자세라고 생각합니다. 이 제시문에서 많은 동물들이 자유롭게 의견을 제시하기 위해 토론을 하고 투표 과정을 통하는 것이 민주성을 매우 잘 보여준다고 생각했습니다.

최근 산림청에서는 국민의 의견을 듣고자 국민 참여 조직진단을 추진했다고 들었습니다. 국민 참여 조직진단은 두 달간 국민 참여단 57명이 직접 산림항공본부와 자연휴양림 등을 방문하여 업무에 대해 설명을 듣고 업무에 직접 참여했다고 합니다. 그리고 진단 결과를 서로 공유하고 조직 운영, 홍보, 참여와 협업에 대한 정책 개선안을 제시하는 것이라고 알고 있습니다.

또한 산림청은 조직진단 결과 보고회를 개최하여 진단 결과를 공개했고 앞으로 제안된 개선안이 실제 정책에 반영될 수 있도록 주기적으로 모니터링하고 그 성과를 공유하겠다는 계획을 발표했습니다.

산림청뿐만 아니라 국민권익위원회는 국민의 이야기를 듣고자 이동 신문고 제도를 실시하는 것으로 알고 있습니다. 이동 신문고 제도는 민원 접근성이 떨어지는 지역의 사람이 비교적 많이 모이는 전통시장에 직접 찾아가 국민들의 민원, 고충, 의견을 듣는 제도입니다.

이 밖에도 국민이 정책을 제안하고 그 의견을 수렴하는 소통 창구로서의 기능을 하는 광화문 1번가가 있으며, 국민들이 직접 참여하여 어려운 용어의 법률을 알기 쉽게 고치는 사업도 추진 중이라고 합니다.

둘째, 다양성입니다. 다양성은 글로벌화된 사회에서 다양한 생각과 사회, 문화 등을 이해하고 존중하는 것으로 알고 있습니다. 현재 산림청에서도 세계적으로 협력하기 위해 많은 노력을 하고 있다고 알고 있습니다.

저는 다양성을 강화하기 위해 여러 연령층들이 함께하는 서포터즈를 운영하는 것을 생각했습니다. 많은 젊은 이들을 모아 국민들께 여러 가지의 다양한 문화에 대한 의견을 묻고 여러 나라의 문화를 하나하나 소개해 주어서 국민들이 다른 문화를 접하더라도 그 차이에서 오는 갈등이 생기지 않도록 하고 다른 사회와 문화에 대한 국민의 인식을 개선해 나가도록 노력해야 한다고 생각했습니다.

그리고 마지막으로 당나귀를 참석시키기 위해서 적극적으로 대화를 나눠보도록 하겠습니다. 한 사람, 한 사람의 의견은 모두 소중하다고 무관심이 더 무서운 것임을 다시 한번 말해보도록 하겠습니다. 그리고 당나귀가 다른 의견을 가지고 있을지라도 회의를 통해서 더 좋은 의견으로 새로운 대안이 나올 수 있기 때문에 회의에 참여하는 것이 옳다고 당나귀를 설득하도록 하겠습니다.

저는 앞으로 다른 많은 나라의 산림정책 중 우수한 점을 본받아 세계화된 산림분야의 발전과 협력을 위한 다양성을 가지겠습니다. 또, 우리나라 국민들의 권익을 보호하기 위해 지속 가능한 산림환경 조성에 힘쓰겠습니다. 마지막으로 국민들이 원하는 산림서비스를 제공하기 위해 항상 국민의 목소리를 들으려 노력하는 공무원이 되도록 노력하겠습니다.
이것으로 5분 스피치를 마치겠습니다.
이상입니다.

5분 스피치를 잘하기 위해서는 큰 목소리로 말하는 연습을 해보자.
면접에서 제일 당황하는 것이 말하려고 하는 단어가 잘 생각나지 않는다는 것이다.
면접에서 활용할 수 있는 단어나 어휘는 제한적이다. 즉 그 어휘를 자주 사용해봄으로써 당황하지 않고 유연하게 말할 수 있다.

 의 면접 정의

"진심을 행한 나의 행동이 스토리가 되어 전달될 때
면접관의 마음을 움직일 수 있다."

Chapter 3

공무원 면접 답변 시나리오

오랜 기간 공들여 준비한 100% 완벽한 마케팅보다는 약간 미완성이라 할지라도 끊임없이 치고 빠지는 '숏케팅(Short+marketing)'이 각광받는 시대다.

면접에서 자기소개 1분은 바로 이 숏케팅 전략이 필요하다. 수십 년 살아온 자신의 삶을 대서사로 푸는 게 아닌, 짧고 굵은, 하지만 강렬한 1분을 준비해야 한다.

그리고 자기소개에서만큼은 보편적으로 괜찮은 길을 택하는 것도 좋지만, 특화된 하나가 되는 것도 아주 중요하다는 사실! 잊지 말고 준비하자.

최근 MBTI 테스트가 유행에 유행을 탔다. 그뿐만 아니라 '나는 어떤 유형의 사람일까?'에 대한 각종 테스트에 사람들은 열광했다.

사람들은 왜 자기 자신을 규정하는 테스트에 그토록 열광하는 것일까? 내 안의 '진짜 나'를 찾는 정체성 놀이가 중요해진 것이다. 사회에 대한 이야기, 타인에 대한 이야기 등은 공부하면 이야기할 수 있다. 하지만 나에 대한 이야기는 과연 얼마나 할 수 있을까?

'나에 대해 알아가는 시간'을 일단 충분히 가져보자.

나는 누구일까?
• 이름 : • 생년월일 : • MBTI 성격유형은? : • 성격의 장점 3가지 : • 성격의 단점 3가지 : • 특기 : • 취미 : • 내가 말하는 나 : • 남들이 말하는 나 : • 나를 사물에 비유한다면 : • 내가 좋아하는 색깔은 : • 내가 좋아하는 계절 :

- 내가 좋아하는 사람 스타일 :
- 내가 싫어하는 사람 스타일 :
- 내가 좋아하는 음식 3개 :
- 여유시간에 하는 일은 :
- 내 인생 가치관 또는 인생 목표는 :
- 버킷리스트 3개는 :
- 학교에서의 내 역할은 :
- 살면서 힘들었던 일 :
- 목표했던 일을 실패한 일 :
- 리더십을 가지고 행동했던 일 :
- 평소 체력관리는 어떻게 하는지 :
- 가장 기억에 남는 봉사활동은 :
- 친구들과 갈등을 겪었던 경험이 있는지 :
- 가장 기억에 남는 일 :
- 가장 후회했던 일 :
- 목표했던 일을 달성했던 경험 :
- 가장 열정적으로 일했던 경험 :
- 아르바이트 경험 :
- 내 매력 포인트는? :
- 가장 존경하는 사람 :
- 대인관계에서 힘들었던 점 또는 가장 기억 남는 일 :
- 가장 기억에 남는 책 :
- 함께해서 더 쉽게 문제를 해결했던 경험 :
- 내가 가장 아끼는 물건 :
- 내 인생의 터닝 포인트는 :
- 학교 다니면서 가장 기억 남았던 경험 3가지는 :
- 공무원 하면 떠오르는 이미지는 무엇이고 이유는 :
- 어떤 사람으로 기억되고 싶은지 :

자, 그럼 나의 이야기를 작성해보자.

김난도 교수는 '진정성이란 듣기 좋게 꾸며낸 말보다 실제 모습과 구체적인 행동을 통해서 더 잘 전달된다.'고 말했다. 타인의 이야기를 듣는 입장의 청중은 본능적으로 꾸며낸 말과 진심인 말을 구별해낼 수 있다. 면접관도 '진정성'있는 지원자에게 더 반응할 수밖에 없다.

그러려면 1분 동안 나의 자기소개와 지원 동기에 혼신의 '진심'을 실어보자.

01 면접의 꽃, 1분 자기소개

면접에서의 자기소개는 영화의 예고편과 같다. 영화 예고편은 제작사가 불특정 다수를 상대로 특정 영화를 구매하도록 설득하는 메시지다. 예고편을 보고 나서 "와, 재밌겠다. 저 영화 나오면 꼭 봐야지."라고 할 때도 있다. 또는 "저 영화 별로 재미없어 보여."라고 반응하기도 한다. 이처럼 예고편에는 전체 영화에서 관객이 인지해야 하는 중요한 이야기가 녹아들어야 한다. 그리고 당연히 관객이 관심을 가질 수 있도록 흡입력 있고, 짜임새 있게 구성되어야 한다.

면접의 자기소개에서는 시간과 내용이 흡입력과 짜임새를 도와주는 중요한 관건이다. 1분이라는 시간 안에 자기소개에는 "성명, 지원 직렬에 대한 강점과 경험" 이 3가지가 꼭 들어가야 한다.
첫 문장에서 본인만의 개성 있는 이미지를 전달하는 것이 좋다. 예를 들어 특정 사물이나 동물 등에 비유를 통해 전달하면 임팩트가 남을 수 있다. 하나의 스토리를 통해 자기소개를 하기 보다는 2~3가지 정도의 다른 역량을 보여줄 수 있는 스토리를 찾아보자. 스피치 연습을 할 때는 핵심 키워드나 단어 위주로 연습하고, 100번 넘게 소리 내서 연습해보자.

자기소개 방법에는 정답은 없다. 영화 예고편의 'Coming soon'이라는 문구가 주는 기대감을 면접관에게 줄 수 있다면 면접관은 이미 나의 관객이다.

자, 그렇다면 자기소개 기본 틀을 바탕으로 한번 작성해보자.

예시 01 1분 자기소개

안녕하십니까, 누구와도 잘 소통할 수 있는 ○○○입니다.
세무직원은 세금을 다루는 역할로 정확하게 업무를 처리하는 것이 중요합니다.
그래서 저는 "꼼꼼함"과 "정직함"이라는 키워드로 소개해보겠습니다.
먼저 "꼼꼼함"입니다. 평소 꼼꼼하고 정확한 성격을 가지고 있습니다. 고등학교 2학년 때 학생자치 매점을 운영하면서 회계 프로그램을 사용하여 수기 상의 현금 잔액과 프로그램 상의 현금 잔액을 비교하였습니다. 그 결과, 현금 잔액을 정확하게 관리할 수 있었고, 수익금을 기부하기도 했습니다.
다음은 "정직함"입니다. 평소 전교 부회장으로서 모범이 될 수 있도록 솔선수범했습니다. 학교생활을 하면서 저는 바른 생활인상과 봉사부분 표창장, 칭찬상, 모범 우등상을 받은 경험이 있습니다.
세무직원이 된다면 업무에 있어서 꼼꼼하게, 관계에 있어서 적극적인 태도로 언제나 국민을 위해 봉사하는 공직자가 되겠습니다.

PART
2

공무원 면접 평정요소 및 질문 유형

> 안녕하십니까, 맡은 일에 최선을 다하는 지원자 ○○○입니다.
>
> 제가 공무원으로서 보탬이 될 수 있는 강점 세 가지를 말해보겠습니다.
>
> 먼저 소통 능력입니다. 저는 시중은행 실습생으로 선발되어 한 달간 고객 응대를 지원한 경험이 있습니다.
> 특히, 고객들에게 먼저 다가가 웃으면서 말하고, 필요한 부분에 대해 잘 경청하는 태도를 통해서 소통의 중요성을
> 느꼈습니다. 다음으로 체력입니다. 저는 평소 매일 30개씩과 줄넘기와 달리기를 꾸준히 하고 있습니다. 처음에는
> 꾸준히 하는 것이 어려웠지만, 습관이 되다 보니까 스트레스도 해소되고 강한 정신력을 키울 수 있었습니다.
> 마지막으로 책임감입니다. 저는 학습부장을 맡아 친구들의 성적을 향상시키기 위해 많은 노력을 했습니다. 주
> 말에도 나와서 같이 공부하고, 모르는 문제는 이해될 때까지 잘 알려주었습니다. 그 결과 10점 이상 오르며 반
> 평균이 오를 수 있었습니다. 이러한 저의 소통과 체력, 책임감을 바탕으로 남녀노소 누구와도 잘 소통할 수 있
> 는 공직자가 되겠습니다. 이상입니다.

면접을 진행하기에 앞서 나의 경험을 미리 작성해보자. 내가 학창 시절에 가장 기억 남았던 수상이나 경력, 다양한 동아리 활동 또는 아르바이트, 봉사활동 모두 좋다. 그 후, 키워드를 연결 지어서 자기소개에 함축시켜 말하는 연습을 해야 한다.

1분 자기소개를 물어볼 수도 있고, 물어보지 않을 수도 있다.

하지만, 공무원 면접을 준비하는 학생이라면 1분 자기소개를 먼저 만들어라. 그래서 내가 어떤 경험을 했고, 그 경험은 어떻게 그 직렬과 연결 짓는 것을 생각하라. 항상 큰 범주에서 작은 범주로 말하는 연습을 하는 것이 좋다.

첫째, 저는 열정을 가지고 있습니다.

(큰 범주) 저는 컴퓨터 활용능력 2급, 전산 회계2급 등 약 10개의 자격증을 취득했습니다.

(작은 범주) 특히, 컴퓨터 활용능력 2급을 취득할 때 실기에서 2번 떨어졌지만, 끝까지 공부한 결과 3번 만에 취득할 수 있었습니다.

둘째, 저는 소통 능력을 갖췄습니다.

(큰 범주) 저는 약 2년간 장애인복지관에서 봉사활동과 다양한 아르바이트를 해왔습니다.

(작은 범주) 그때, 장애인복지관에서 봉사활동을 하며 상대방을 배려하고 경청하는 힘을 기를 수 있었습니다.

예시 01 **장점**

네, 저는 체계적으로 계획을 세워 실천하는 장점을 가지고 있습니다.

왜냐하면 해야 할 일을 정확하게 확인하고 일정을 관리하면 일정을 한눈에 정리할 수 있기 때문입니다.

예를 들어, 중간고사 기간과 팀 프로젝트 일정이 겹쳐서 효율적으로 진행할 수 있도록 고민했습니다. 그래서 조원들끼리 만나 하고 싶은 부분을 정해 업무를 분담한 결과 짧은 시간에 효율적으로 과제를 마칠 수 있었고, 중간고사 공부 역시 잘할 수 있었습니다. 그 결과 팀 프로젝트와 중간고사 모두 우수한 성적을 받을 수 있었습니다.

이러한 경험을 바탕으로 매사에 꼼꼼하게 확인해 행동하는 공직자가 되겠습니다.

예시 02 **장점**

네, 저의 강점은 사람들에게 적극적으로 다가가는 소통능력입니다.

왜냐하면 사람과의 관계에 있어서 먼저 웃으면서 다가가고, 경청하는 것이 중요하기 때문입니다.

예를 들어, 3년간 커피전문점 아르바이트를 한 경험이 있습니다. 그때, 방문해 주시는 고객님들의 눈을 마주치면서 대화를 잘 하고, 고객들이 원하시는 메뉴와 중요한 사항을 잘 경청했습니다. 그 결과 단골손님도 많아지고, 카페 사장님께서도 너라면 믿고 맡길 수 있겠다는 칭찬을 해주신 경험이 있습니다.

이러한 경험을 바탕으로 제가 공무원이 된다면 민원인들의 말에 잘 경청해서 적극적으로 소통하는 공직자가 되겠습니다. 이상입니다.

PART 2

공무원 면접 평정요소 및 질문 유형

예시 01 **단점**

네, 제 단점은 걱정이 많다는 점입니다.

이러한 제 단점을 극복하기 위해 노트를 펴서 잡생각을 정리하며 마인드컨트롤하려고 노력합니다. 또, 매일 저녁 산책을 꾸준히 하고 줄넘기를 하며 강한 정신력 또한 키울 수 있었습니다.

이러한 경험을 바탕으로 걱정이 많을 때면 스스로 컨트롤을 잘 할 수 있는 공직자가 되겠습니다. 이상입니다.

예시 02 **단점**

저는 솔직하다는 단점을 가지고 있습니다.

하지만 이러한 솔직함이 지나치면 상대방에게 상처를 받을 수 있다는 것을 알게 되었습니다. 그래서 이를 극복하기 위해 노인복지 회관에 봉사를 다녔습니다. 어르신들과 대화를 통해서 직설적인 표현 대신 부드러운 화법을 배울 수 있었습니다. 이후에는 상대에게 솔직한 마음을 부드럽게 전달하기 위해 노력했습니다. 제가 공무원에 임용이 된다면 말의 힘의 중요하다는 것을 깨달으며, 부드러운 화법을 통해 일할 수 있는 공직자가 되겠습니다.

대개 장점과 단점을 똑같이 말하는 학생을 볼 수 있다. 하지만, 단점은 단점이어야 하며, 장점은 장점이어야 한다. 실제로 단점을 잘 쓰는 사람이 없다. 단점은 자신의 문제를 정확하게 알고 있는지, 자기 성찰능력을 파악할 수 있는 좋은 요소가 된다. 그렇기 때문에 단점을 장점화하지 말고, 열려있는 단점을 쓰길 권한다. 또 그 단점을 아는 것만 중요한 것이 아니라, 단점을 고치기 위해 어떻게 노력하고 훈련했는지를 어필해야 한다.

특히 단점을 말할 때는 3가지는 반드시 기억해야 한다. 첫째, 절대 약점을 쓰지 마라. 약점은 원래 천성이 그렇기 때문에 잘 바뀌지 않는 것, 게으르거나 별생각 없이 살아서 드러난 문제점 등이다. 둘째, 개선하고 있다는 점을 강조하라. 셋째, 업무를 하는 데에 방해가 되는 단점은 절대 말해서는 안 된다.

예시 **임업직 지원동기**

네, 제가 임업직 공무원에 지원하게 된 동기는 숲과 함께하고 싶기 때문입니다.

저는 평소에 등산을 자주 가며 숲에서 시간을 보내는 것을 좋아했습니다. 또, 평소 고민이 많을 때면 휴양림을 산책하며 자아 성찰할 수 있었던 소중한 시간이었습니다. 뿐만 아니라 많은 나무와 꽃들이 제게 위로를 해준다는 느낌을 받았습니다. 그래서 임업직 공무원이라는 꿈을 가지고 농업고등학교에 진학해 전공 관련 자격증을 취득했습니다. 또, 실습을 하면서 적성에 맞는다는 것을 알 수 있었습니다.

이러한 경험을 바탕으로 많은 사람들에게 나무라는 소울메이트를 만나게 해주는 임업직 공무원이 되기 위해 지원하게 되었습니다.

예시   **일반행정 지원동기**

네, 제가 지원하게 된 동기는 이타적인 삶을 살고 싶기 때문입니다.

고등학교 1학년 때부터 약 2년간 사회 복지관 봉사활동을 했습니다. 처음에는 어르신들을 대하는 것이 낯설었지만 점차 익숙해지면서 봉사 자체에 보람과 뿌듯함을 느낄 수 있었습니다. 그때 봉사의 범위를 더 넓히고 싶다는 생각을 하게 되었습니다. 최근에 주민 센터를 방문해 주민등록증을 발급받았습니다. 그때 손에 땀이 나서 30분간 지문인식을 하는데 많은 어려움을 겪었습니다. 하지만 웃으면서 긴장하지 말라고 친절하게 말해주시는 모습을 보면서 나도 친절한 공무원이 되고 싶다는 생각을 하게 되었습니다. 이러한 저의 경험을 바탕으로 어떤 상황에서도 국민들을 위해 노력하고 봉사하는 공무원이 되고자 지원하게 되었습니다.

지원 동기 첫 번째 수칙은 무조건 '왜 하필 공무원인지' 두 번째는 '왜 그 직렬인지' 이 두 가지가 나타나야 한다.

공무원 면접은 일반 사기업 면접이 아니다. 그렇기 때문에 얼마나 공직관이 투철한지, 봉사정신과 희생정신을 두루 갖췄는지를 평가하게 될 것이다. 특히 이기적인 마음이나 욕심이 드러나는 언행은 하지 말자. 또한, 봉사활동 경험을 바탕으로 지원하는 직렬과 연결하는 것도 좋고, 동사무소나 우체국 등 직접 방문했던 경험을 살려서 이야기해보자. 그리고 하나 더! 지원 동기를 이야기할 때는 내용뿐만 아니라 눈빛과 표정에서도 레이저가 쏟아져 나와야 한다는 사실 잊지 말자.

예시   **마지막 하고 싶은 말**

네, 저는 튼튼한 두 다리를 바탕으로 한 체력, 따뜻한 마음을 지닌 소통능력 그리고 강한 끈기를 가지고 있습니다. 이러한 3가지 능력을 바탕으로 경찰관에 임용이 된다면 업무에 있어서는 정확하게, 관계에 있어서는 유연한 경찰관이 되겠습니다.

마지막 말은 여운이 남는 게 좋다. 감성적으로 어필하는 사람도 있고, 이성적으로 어필하는 지원자도 있다. 개인적인 성향에 따라 다르다. 이때, 지금까지 경청해 주셔서 감사합니다. 라는 말 또는 자신을 낮추는 말은 하지 않는 것이 좋다.

면접은 최대한 나의 강점을 언급해 주시는 게 제일 좋다. 30초에서 1분 안에 다시 한번 내가 공무원에 적합한 인재라는 것을 언급해 준다. 나의 강점의 키워드와 나의 공무원 상을 부합시켜 좋은 시너지를 발휘할 수 있으면 제일 좋다.

PART 2

공무원 면접 평정요소 및 질문 유형

02 면접 스피치 진단

실전 모의면접

※ 시작 전, 핸드폰에 음성녹음 버튼을 눌러주세요.

답변 시간

면접을 본다고 가정한 후

"가장 열정적으로 했던 일이 있다면 무엇입니까?"

라는 질문에 대해 답을 해보세요.

그 후, 답변 시간을 작성하고, 녹음한 내용을 아래에 적어보세요.

체크List

- 답변을 시작할 때, 경험의 상황부터 설명하려고 했다.　　　　□ 그렇다. □ 그렇지 않다.
- 답변의 길이가 1분 30초를 넘어간다.　　　　□ 그렇다. □ 그렇지 않다.
- 구체적으로 답변을 했다.　　　　□ 그렇다. □ 그렇지 않다.
- 했던 말을 또 반복하는 경향이 있다.　　　　□ 그렇다. □ 그렇지 않다.
- 두괄식으로 말했다.　　　　□ 그렇다. □ 그렇지 않다.

체크리스트에 몇 개에 해당되는가?

포기하기는 아직 이르다. 누구나 어렵고, 어디서부터 시작해야 하는지 막막할 수 있다. 실제로 면접 수업을 하다 보면 본인 이야기만 3분 이상 하는 경우도 있다. 또, 말을 한마디 하지 못하는 경우도 있다. 하지만, 방법을 알면 말하기 쉽다.

면접을 준비하는 친구들이라면 '두괄식 – 진행 상황 – 결과 및 느낀 점 – 포부' 이 4가지만 기억하자.

PART
2

공무원 면접 평정요소 및 질문 유형

03 이것만은 NO, 면접 스피치 주의사항

(1) 결론이 끝에 오는 미괄식 NO

어떤 면접에서도 두서없이 말하는 것은 좋지 않다. 특히 면접을 준비해보지 않은 친구들이 미괄식으로 말하는 경우가 많다. 즉 자신에 대한 분석이 제대로 이루어지지 않고 면접에 임한 결과이기도 하다. 이 경우, 면접장에서 예상치 못한 질문을 받게 되면 말을 하면서 정리하게 된다. 그리고 면접관은 '준비되지 않은 지원자'라고 여길 것이다. 면접 시간은 짧기 때문에 결론을 먼저 던지는 '두괄식 스피치'를 해야 한다.

(2) 힘없는 스토리는 NO

면접은 내가 하고 싶은 말이 아니라 듣고 싶은 말을 해야 한다.

예를 들면, '가장 열정적으로 도전했던 경험은 무엇이냐'라는 질문에 "네, 저는 슈퍼모델로 활동했던 경험입니다. 왜냐하면 지금까지 제가 경험하지 못했던 무대에서 런웨이뿐만 아니라 화보 촬영을 경험했기 때문입니다" 이렇게 이유만 말하고 끝나는 경우가 많다. 틀린 답변이라고 할 수는 없으나 아마추어 답변이다. 면접 답변으로는 절대 플러스가 될 수 없다. 대게 경험 관련 질문을 하면 경험이 '있다'와 '없다'로 1차원적인 생각을 하는 경우가 많다. 하지만, 면접관이 듣고 싶어 하는 것은 경험의 유무보다 그 경험을 통해서 어떤 것을 느꼈는지다. 그래서 모든 질문에는 결과와 느낀 점, 마지막 포부까지 완벽하게 완성되어야 한다.

(3) 면접관의 질문 의도가 다른 경우

긴장도가 높다 보면 면접 질문의 의도를 놓치기 쉽다. 종종 있는 경우다.

완벽하게 준비를 마쳤으나, 질문과 답변이 모두 준비한 대로 나오리라는 장담은 할 수 없다. 예를 들어 면접관은 "가장 기억에 남는 봉사활동은 무엇이고, 느낀 점을 말해보세요."라고 질문했다 하지만, 먼저 준비된 답변을 하기 급급한 나머지 '내가 생각하는 봉사활동의 정의와 경험을 말해보세요.' 로 해석해버리는 것이다. 그래서 '봉사활동'이라는 공통된 키워드를 가지고 답변을 끼워 넣는 경우 가 훨씬 많다. 두 가지 질문은 엄연하게 다르다. 면접관도 의아해할뿐더러 올바른 지원자의 태도가 아니다. 면접관이 무슨 말을 하는지 잘 듣고 답하는 연습을 해보자. 면접관의 질문을 잘 알아듣지 못했다면, "죄송합니다. 다시 한번 만 말씀해 주시겠습니까?"라고 공손하게 말하는 연습도 해보자. 잘 경청하고 대화하자. 이것은 면접자의 기본자세다.

> **Tip** 금지해야 할 답변
>
> 어떤 지원자는 "답변드리겠습니다. 제가 가장 기억 남았던 경험..."
> 이렇게 말하는 경우가 있는데, "답변드리겠습니다"로 처음 이야기를 시작할 경우 뭔가 형식적이고 만들어진 답변이라는 느낌을 준다. 자연스럽게 "네~"라고 대답을 해준다면 대화하는 듯한 자연스러운 핑퐁 스피치를 할 수 있다.

04 공무원 면접 답변 시나리오 (경험형/상황형/공직관)

> **면접은 내가 하고 싶은 말이 아니라 듣고 싶은 말을 해야 한다.**
> **즉, 내 이야기를 면접관이 원하는 답변대로 형식에 맞춰서 말해야 하는 것이다.**
> **또한, 내가 면접은 자신감 있게 호감을 주는 것이 중요하다.**
> **질문에 대해 자연스럽게 핑퐁 하자.**

그렇다면, 이제 구체적으로 핵심만 쏙쏙, 설득력 있는 면접 답변 작성을 해보자.
그러기 위해서는 다음 네 가지는 꼭 알아두어야 한다.

'두괄식'– 두괄식, 결과부터 빠르게
'진행 상황' – 경험은 구체적으로 간략하게
'결과 및 느낀 점'– 그 경험을 통해서 얻은 결과와 느낀 점
'포부' – 우리 조직에 어떻게 기여할 것인지

(1) 두괄식 구성

"가장 열정적으로 했던 일이 있다면 무엇입니까?"라는 물음에 "가장 열정적으로 임했던 경험은~"
이라며 답변을 시작한 후 경험을 설명하는 가장 기본적인 방식이다. 즉, 면접관이 묻는 바를 'A'라고
가정했을 때 "네, A 했던 경험은 B입니다."라고 답변해 주는 'A는 B다.'의 답변 방식이다.

B를 말할 때는 2가지 유형이 있는데 첫째는 그 경험만 말하는 경우고 둘째는 경험과 성과까지 같이
말하는 경우이다. 우선 두괄식으로 말하는 연습을 해보자.

예시 01	두괄식 구성

가장 열정적으로 했던 일이 있다면 무엇입니까?

	시작 1단계(A)는			
	네, 제가 가장 열정적으로 한 경험은			
예시 (B이다)	상황	활동요약	성과	마무리
	전국 상업 경진대회	비즈니스 영어 부분에서	금상	받았던 경험입니다.

이렇게 또렷한 수상을 했던 경험이 있으면 두괄식 스피치 답변을 통해 미리 보여주는 것이 좋다. 첫
두괄식 답변이 '핵심 포인트'이다.

예시 02	두괄식 구성

가장 기억에 남는 봉사활동과 느낀 점은 무엇입니까?

	시작 1단계(A)는		
	네, 제가 가장 기억에 남는 봉사활동은		
예시 (B이다)	기간	소속	활동요약
	약 2년간	장애인복지관에서	봉사활동을 했던 경험입니다.

장애인복지관에서 봉사활동을 했다는 단기봉사활동도 좋고, 꾸준히 오래 했다면 앞에 기간을 붙여
주면 훨씬 끈기 있는 이미지를 심어줄 수 있다.

연습 01 두괄식 구성

가장 기억에 남는 봉사활동과 느낀 점은 무엇입니까?

두괄식	
상황	활동 요약

연습 02 두괄식 구성

가장 열정적으로 도전했던 경험은 무엇입니까?

두괄식	
상황	활동 요약

연습 03 두괄식 구성

다른 지원자와 차별화된 본인만의 강점은 무엇입니까?

두괄식	
상황	활동 요약

연습 04 **두괄식 구성**

공무원이 갖춰야 할 덕목은 무엇이며 그렇게 생각하는 이유는?

두괄식	
상황	활동 요약

이런 방법을 통해서 두괄식으로 답변을 구성한다면 2가지 장점이 있다. 첫 번째, 면접관이 묻는 바를 바로 대답할 수 있다. 두 번째, 문장을 자연스럽게 구성할 수 있다는 장점이 있다.

(2) 스토리와 결과 및 느낀 점, 포부 구성 방법

이제는 경험담을 들려주며 면접관의 관심을 지속해서 끌어내야 한다. 하지만 대다수 지원자가 너무 상세하게 본인의 이야기를 한다면, 면접관이 지루해진다. 그렇기 때문에 1분 내로 짧게 핵심만 말할 수 있도록 해야 한다.

사실상 모든 답변에는 '경험'이 필요하다. 수업을 하다 보면 답변에 "경험을 꼭 넣어야 하나요?"라고 물어보는 경우가 많다. 당연히 경험은 있어야 한다. 실제로 면접 수업을 하다 보면 추상적으로 답변하는 경우가 많다. 그러면 면접관 입장에서는 전혀 설득이 되지 않는다. 경험이 뒷받침되어야 답변에 신뢰도가 올라가고, 비로소 면접관을 설득할 수 있다. 경험이 없다면 지금 당장 나가서 활동해보자.

1단계 : 두괄식
2단계 : 왜냐하면 (이유)
3단계 : 예를 들어 (경험, 사례)
4단계 : 결과적으로 (포부)

예시 01 **포부 구성 방법**

다른 지원자와 차별화된 본인만의 강점은 무엇입니까?

	답변
두괄식	네, 저의 차별화된 강점은 '소통 능력'입니다.
왜냐하면	저는 봉사활동과 다양한 아르바이트를 통해 남녀노소 누구와도 소통할 수 있는 능력을 길렀습니다.
예를 들어	특히, 영화관에서 아르바이트를 할 때, 최대한 고객의 눈을 마주치고 웃으면서 이야기를 한 결과 '미소지기상'을 받았습니다.
결과적으로	이러한 경험을 바탕으로 동료와 상사와도 잘 소통할 수 있는 공직자가 되겠습니다.

지니쌤의
Key point

면접관이 이 질문을 왜 했지? 의도를 파악해보자. 면접관이 원하는 건 경험의 유무가 아니다.
그 경험을 통해서 어떤 결과가 있었고, 무엇을 느꼈는지 더 나아가 우리 조직에 어떻게 기여하는지 알아보는 질문이다.

연습 01 **포부 구성 방법**

가장 기억에 남는 봉사활동과 느낀 점은 무엇입니까?

	답변
두괄식	
진행 상황 (시기, 어려움, 해결방안)	
결과 및 느낀 점	
포부	

연습 02   **포부 구성 방법**

가장 열정적으로 도전했던 경험은 무엇입니까?

답변	
두괄식	
진행 상황 (시기, 어려움, 해결방안)	
결과 및 느낀 점	
포부	

연습 03   **포부 구성 방법**

공무원이 갖춰야 할 덕목은 무엇이며, 그렇게 생각한 이유는?

답변	
두괄식	
진행 상황 (시기, 어려움, 해결방안)	
결과 및 느낀 점	
포부	

PART
2

공무원 면접 평정요소 및 질문 유형

(3) 상황면접 답변 구성 방법

경험형 질문에서는 지원자의 과거 경험을 이야기하는 답변을 했다면, 상황형 질문은 지원자가 공무원에 합격이 된다면 미래 행동에 대해 알고 싶어 하는 질문이다.

즉, 상황형 질문은 지원자가 공무원이 된다면 어떻게 행동할지 미래의 행동에 대해서 답변을 하는 행동이다.

많은 지원자들은 상황면접이 어렵다고 한다. 내가 지금 당장 공무원으로서 일을 해본 경험이 없기 때문에 답변을 하기가 모호하다는 것이다. 그래서 상황형은 대게 정답이 없다. 하지만, 면접자 대부분의 공무원의 경험이 전무하기 때문에 이미 답변의 틀은 정해져 있다고 생각한다.

흔히 공무원 문화는 보수적이고 소위 '꼰대 집단'이라는 인식이 강하다.

하지만 지금 사회 모습은 '개인'의 가치관이 점점 강해지고 있음을 부인할 수 없다.

시대가 변하면서 가치관도 달라지기 마련이다. 하지만 공무원 조직에서도 변하지 않는 것은 있다. 혼자 일하는 것이 아니라 협업을 통한 업무를 하는 사람을 뽑는 것이다. 개인주의가 강하다면 공무원 면접에서 성공할 수 없다. 부처 협력을 통해, 함께 협업할 인재를 뽑는 것이다. 또한 면접을 통해서 가치관과 생각이 전달될 수밖에 없는데, 이때 면접관의 나이는 70년생부터 80년생 분들이 많다. 그렇기에 면접에 있어서는 공무원 조직에 잘 적응하고, 적합한 인재가 되기 위해서 답변하는 노력을 해보자.

1단계 : 판단
2단계 : 근거
3단계 : 보완

압박, 꼬리를 피하기 위해서는 적절한 '행동 보완'이 필요하다. 상황면접의 질문에서 판단을 하고, 근거만 제시한다면 꼬리, 압박질문을 받을 수 있다. 위와 같은 질문에 있어서도 "그렇다면 본인의 의견은 중요하지 않다는 건가요?" 또는 "본인이 잘못된 행동을 해서 트러블이 생긴 것은 아닐까요?"라고 질문을 받을 수 있다. 여기에서의 보완은 내가 내린 판단에 대한 나의 행동을 보완한다고 생각해 주면 좋다.

상황면접 답변 구성

상사의 지시와 자신의 견해가 다른 경우는 어떻게 하시겠습니까?

답변	
판단	네, 경험이 많으신 상사의 의견을 먼저 존중하고 따르겠습니다.
근거	하나의 조직체의 일원으로서 의견에 따르도록 하겠습니다. 그리고 상사의 지시에 대해 다시 한번 검토해보고 저에게도 문제가 없었는지 고찰하도록 하겠습니다.
보완	그러나 도저히 납득하기 어려운 경우라면 상관과 터놓고 이야기하겠습니다. 그때 진솔한 이야기를 하다 보면 합일점을 찾을 수 있다고 생각합니다. 이상입니다.

예시 02 **상황면접 답변 구성**

업무 수행 중 실수를 하게 된다면?

답변	
판단	네, 업무를 수행하면서 실수를 하지 않는 것이 좋겠지만 만약 실수를 한다면 경중을 판단해 행동하겠습니다.
근거	단순한 실수라면 바로 시정해서 앞으로는 그런 실수를 하지 않도록 노력하겠습니다. 하지만 심각한 문제라면 잘못을 피하지 않고 인정하겠습니다. 그래서 숨기려 하지 않고 빠르게 해결 방법을 찾도록 하겠습니다.
보완	또, 상사나 동료에게 알리고 이 문제를 빠르고 효과적으로 시정할 수 있도록 노력하겠습니다. 이상입니다.

예시 03 **상황면접 답변 구성**

상관이나 동료와 트러블이 생겼을 때 어떻게 하시겠습니까?

답변	
판단	네, 트러블이 생겼다면 대화를 통해 풀려고 노력해보겠습니다.
근거	왜냐하면 상황을 피하기보단, 문제점을 무엇인지 이를 개선하기 위해 노력해야 하기 때문입니다.
보완	또, 대화를 하기 전 저의 행동이나 말에 문제가 없었는지 다시 한번 되돌아보도록 하겠습니다. 그 후, 문제점의 원인을 찾아 대화로 차근차근 풀어나가도록 하겠습니다.

연습 01   **상황면접 답변 구성**

상관이나 동료와 트러블이 생겼을 때 어떻게 대처하시겠습니까?

	답변
판단	
근거	
보완	

연습 02   **상황면접 답변 구성**

업무 수행 중 실수를 하게 된다면?

	답변
판단	
근거	
보완	

| 연습 03 | 상황면접 답변 구성 |

상사의 지시와 나의 견해가 다른 경우에 어떻게 하시겠습니까?

	답변
판단	
근거	
보완	

상황형 질문에는 결론부터 말하고, 이유를 말하는 것은 기본이다. 더 나아가, 마지막 보완을 통해서 압박질문에 대해 잘 대비하자.

Tip 질문별 대답 단계

- **일반 기본 질문**
  - 1단계 : 두괄식
  - 2단계 : 왜냐하면(이유)
  - 3단계 : 예를 들어(경험, 사례)
  - 4단계 : 결론적으로(포부)
- **경험형 질문**
  - 1단계 : 두괄식
  - 2단계 : 진행 상황(시기, 어려움, 해결방안)
  - 3단계 : 결과 및 느낀 점
  - 4단계 : 포부
- **상황형 질문**
  - 1단계 : 판단
  - 2단계 : 근거
  - 3단계 : 행동 보완

(4) 면접 참고 답변 정리

일기를 안 쓴지도 까마득한 게 결코 혼자만의 일은 아니다. 공시생들은 특히 길게는 수년간 필기 공부에 전념하며 누군가에게 자신의 이야기를 해본 적이 언제인지 기억도 안 난다는 이야기를 많이 한다. 그 모든 것을 하루아침에 바꿀 수는 없다.

책을 보고 방법을 습득하고 공부해도 면접은 해보지 않고는 절대 결과를 낼 수 없는 과목이다. 그러므로 일단 '좋은 답변'들과 친해지자. 많이 읽고, 많이 익숙해져서 나의 답변들을 잘 짜보자.

예시 01 | 경험형 면접 질문 참고 답변

최근 가장 열정적으로 이뤘던 경험은?

- **두괄식** : 네 최근 제가 가장 열정적으로 이뤘던 경험은 이번 한국사능력검정시험에서 1급을 취득한 것입니다.
- **진행 상황** : 저는 2019년 마지막 검정시험에서 아쉽게 떨어졌던 경험이 있었습니다. 그래서 이번에는 2주라는 짧은 시간을 효율적으로 사용하기 위해 스터디 플래너를 활용해 계획을 짜고, 체계적으로 공부를 하였습니다.
- **결과 및 느낀 점** : 또, 매일 6시간씩 범위를 정해 3회씩 읽어서 공부한 결과 96점이라는 고득점으로 1급을 취득하여 좋은 결과를 얻었습니다. 그 경험으로 어떤 일이든 최선을 다해 노력한다면 좋은 결과를 얻을 수 있다는 것을 알 수 있었습니다.
- **포부** : 공직에 입직해서 체계적으로 계획을 수립해 업무를 수행하며 국가에 보탬이 되는 공무원이 되겠습니다.

예시 02 | 경험형 면접 질문 참고 답변

목표를 정하고 달성하는 과정에서 실수한 경험과 이를 극복한 방안은?

- **두괄식** : 네, 저는 컴퓨터 활용능력 2급 자격증을 취득하는 과정에서 실수를 했지만 극복한 경험이 있습니다.
- **진행 상황** : 고등학교에 진학해 3년 계획을 세우며 컴퓨터 활용능력 자격증을 1학년 때 따겠다는 목표를 세웠습니다.

  하지만, 필기만 합격한 채 실기에서 낙방하였습니다. 그래서 저는 컴퓨터 학원을 다니며 어려워했던 함수들은 집에 돌아와 매일 1시간씩 복습하였습니다.
- **결과 및 느낀 점** : 그 결과 2019년 첫 시험에서 합격하며 목표를 달성하였습니다. 이 경험을 통해 어려움이 있더라도 포기하지 않고 노력하면 이룰 수 있다는 것을 느꼈습니다.
- **임용 후 포부** : 이러한 경험을 바탕으로 저는 업무를 수행하는 과정에서 포기하지 않고 해결방안을 마련하여 문제를 해결해나가는 공무원이 되겠습니다.

예시 03　경험형 면접 질문 참고 답변

창의적인 사람입니까?

- **두괄식** : 네, 저는 대학 수업 과제를 창의적으로 활동했던 경험이 있습니다.
- **진행 상황** : 교수님께서는 주제에 맞춰 자유로운 형식으로 발표하라고 하셨지만, 친구들은 언제나 PPT 형식으로 발표를 했습니다. 하지만 저는 주제가 친구들이 어려워하는 세계사였기 때문에 더 쉽게 이해 시킬 수 있는 발표 방법에 대해 고민했습니다. 그러던 중 노래 가사를 개사하여 노래로 발표하면 어떨까라는 생각을 하게 되었습니다. 그래서 저는 세계사를 노래를 개사하는 새로운 발표 형식으로 도전을 했습니다.
- **결과 및 느낀 점** : 그 결과, 교수님께서 새로운 발표 형식이 너무 좋았다며 칭찬을 해주셨습니다. 이때, 지금까지 해오는 방법도 안정적이지만 새로운 방법을 찾고 고민하는 것 또한 즐거움이라는 것을 알게 되었습니다.
- **임용 후 포부** : 제가 행정직의 일원이 된다면 관습적으로 행동하기보다 창의적인 방법으로 업무를 수행하는 공무원이 되겠습니다.

예시 04　경험형 면접 질문 참고 답변

다른 지원자와 차별화된 본인의 강점은?

- **두괄식** : 네, 저의 차별화된 강점은 '소통 능력'입니다.
- **왜냐하면** : 왜냐하면 저는 봉사활동과 다양한 아르바이트를 통해 남녀노소 누구와도 소통할 수 있는 능력을 길렀습니다.
- **예를 들어** : 예를 들어 영화관에서 아르바이트를 할 때, 최대한 고객의 눈을 맞추고 웃으면서 이야기를 한 결과 '미소지기상'을 받았습니다.
- **결과적으로** : 결과적으로 이러한 경험을 바탕으로 동료와 상사와도 잘 소통할 수 있는 공직자가 되겠습니다.

예시 05　경험형 면접 질문 참고 답변

평소 인간관계는 어떤 편인가?

- **두괄식** : 네, 친구들과의 관계가 매우 좋은 편입니다.
- **왜냐하면** : 왜냐하면 친화력이 좋아 처음 만난 친구들과도 어려움 없이 친해질 수 있었기 때문입니다.
- **예를 들어** : 예전에 친구들과 롤링 페이퍼를 썼던 적이 있습니다. 그때 친구들은 저에게 '친화력이 부럽다. 항상 웃게 만들어준다. 팔색조 같은 매력이 있다.'라는 말들을 해주었습니다. 롤링 페이퍼가 저에게는 친구들과 더 돈독한 사이를 유지하게 만들어준 계기가 되었습니다.
- **결과적으로** : 이러한 경험을 바탕으로 동료와는 원만한 관계를 형성하고 국민에게는 먼저 다가가는 공직자가 되겠습니다.

PART **2**

공무원 면접 평정요소 및 질문 유형

예시 06   **경험형 면접 질문 참고 답변**

친구들과 갈등을 조정한 경험은?

- **두괄식** : 네, 저는 UCC 대회를 준비하면서 조원과 갈등을 겪은 경험이 있었습니다.
- **진행 상황** : UCC 대회를 준비하면서 제작부터 편집까지 많은 일을 해야 했습니다. 하지만 팀원 중 한 명이 다른 대회 준비를 준비하느라 제대로 참여하지 않는다고 불만을 표출했습니다. 그래서 팀의 조장으로서 갈등이 더 커지기 전에 원만히 해결하기 위해 대화의 장을 마련했습니다. 다른 친구에게 물어보니 다른 대회 준비가 아니라 개인적인 사정으로 인해 열심히 준비하지 못했다고 미안하다고 말했습니다. 그 후, 팀원들과 대화를 통해 오해를 풀고 다시 열심히 하자고 의지를 다졌습니다.
- **결과 및 느낀 점** : 그 결과 은상을 받았고, 오해가 생기면 대화로 풀려는 적극적인 자세가 중요함을 느낄 수 있었습니다.
- **임용 후 포부** : 이러한 경험을 바탕으로 민원인을 항상 배려하는 마음으로 적극적으로 소통하여 국민들의 신뢰를 높이는 공직자가 되겠습니다.

예시 07   **경험형 면접 질문 참고 답변**

누군가의 부탁을 거절한 경험은?

- **두괄식** : 네, 지각 부장을 맡아 지각비를 걷는 과정에서 부탁을 거절한 경험이 있습니다.
- **진행 상황** : 친한 친구가 5분 정도 지각했는데 봐주면 안 되냐고 부탁을 했습니다. 하지만 학급 규칙에 따라 공정성을 유지하여야 했기 때문에 안 된다고 말을 해줬습니다. 또, 친구의 기분이 상하지 않도록 웃으면서 장난스럽게 이야기를 했습니다.
- **결과 및 느낀 점** : 그 결과 다음부터 하지 않겠다며 지각비를 냈습니다. 이를 통해 거절을 할 때에도 상대방의 감정이 상하지 않도록 경청하고 공감하며 완곡하게 돌려 말하는 것의 중요성을 배웠습니다.
- **임용 후 포부** : 이러한 경험을 바탕으로 공직사회에서도 누군가의 부탁을 거절해야 하는 경우 상대방의 감정이 상하지 않도록 노력하는 공직자가 되겠습니다. 이상입니다.

예시 08   **경험형 면접 질문 참고 답변**

살면서 가장 힘들었던 경험과 이를 극복하기 위해 노력한 방법은?

- **두괄식** : 네, 저는 성적 슬럼프를 운동을 통해 극복한 경험이 있습니다.
- **진행 상황** : 고등학교에 적응하며 공부를 하다 보니 스트레스를 받았습니다. 그 후, 성적에 대한 불안감에 빠져 활기를 잃었을 때 부모님과 함께 등산을 하고 기분이 나아졌습니다. 그래서 운동을 해야겠다는 생각이 들어 합기도장에 등록 후 매일 운동을 다니기 시작했습니다. 운동을 통해서 체력과 인내심이 좋아져 공부를 하는데 도움이 되었고, 공부에 대한 스트레스가 있어도 땀을 흘리며 풀 수 있었습니다.

- **결과 및 느낀 점** : 결과적으로 합기도 유단자가 되고, 성적도 전교권을 유지하며 우수한 성적을 얻을 수 있었습니다. 또, 위기를 극복할 때 운동이나 취미 같은 자기계발이 중요하다는 것을 느낄 수 있었습니다.
- **임용 후 포부** : 이러한 경험을 바탕으로 꾸준한 자기계발을 통해 건강한 정서를 함양하고 위기를 기회로 삼아 성장하는 공직자가 되겠습니다.

예시 09   **경험형 면접 질문 참고 답변**

리더로서 활동한 경험은?

- **두괄식** : 네, 저는 ffk 부회장으로서 활동한 경험이 있습니다.
- **진행 상황** : 고등학교 1학년 때 ffk 부회장으로 선발되어 ffk 전국 대회를 주축이 되어 준비했습니다. 부회장으로서 책임감을 가지고 매일 저녁까지 남아 학교를 조성하는 일부터 대회 순서까지 일정을 조율했습니다. 또, 대회 준비를 위해 학교에 포토존을 조성하고 꽃을 기르는 노력을 했습니다.
- **결과 및 느낀 점** : 그 결과 전국 대회에서 긍정적인 평가를 받을 수 있었습니다. 또, 함께하는 것의 중요성을 알게 되었고 혼자만의 능력보다는 공동체의 소통 능력의 힘을 배울 수 있었습니다.
- **임용 후 포부** : 이러한 경험을 바탕으로 공직자가 되었을 때 리더로서의 책임감뿐만 아니라 공동체의 일원으로서 소통하는 능력을 가진 사람이 되겠습니다.

예시 10   **경험형 면접 질문 참고 답변**

다른 사람을 도와줌으로써 내게 이익이 됐던 경험은?

- **두괄식** : 네, 저는 노인복지 회관에서의 봉사활동이 한자 자격증 취득에 도움이 된 경험이 있습니다.
- **진행 상황** : 약 일주일간 노인복지 회관에서 서예작품 전시를 돕는 봉사를 했습니다. 그때, 서예작품을 출품한 어르신들께서 작품 설명을 컴퓨터로 작성하는 데에 어려움을 겪으셔서 문서로 작성해드린 경험이 있습니다. 서예 작품 설명에 어려운 한자가 많이 있어서 한자의 뜻을 찾아보며 어려운 한자를 외울 수 있었습니다.
- **결과 및 느낀 점** : 그때 어르신들께서는 제게 고맙다고 하셨지만, 오히려 준비하고 있던 한자 자격증 취득에 많은 도움이 되었습니다. 그 경험을 통해 남을 돕는 일은 결국 나를 돕는 일이라는 것을 느낄 수 있었습니다.
- **임용 후 포부** : 이러한 경험을 바탕으로 항상 봉사를 생활화하고 이를 통해 스스로를 발전시키는 공직자가 되겠습니다.

예시 11   경험형 면접 질문 참고 답변

다른 사람이 꺼리는 일을 주도적으로 한 경험은?

- **두괄식** : 네 저는 방학 때 학교에 나와 청소하는 봉사활동에 지원한 경험이 있습니다.
- **진행 상황** : 학급당 4명이 지원해야 하지만 아무도 방학에 나오길 원치 않아 스스로 자원해서 청소 봉사를 맡았습니다. 그때, 학급임원으로서 책임감을 가지고 먼저 지원하였고, 다른 친구들에게도 함께 봉사하자며 독려하였습니다.
- **결과 및 느낀 점** : 그 결과 저의 솔선수범하는 모습에 하나둘씩 다른 친구들도 동참하였습니다. 이 경험을 통해 리더로서 책임감의 중요성을 깨달았고,
- **임용 후 포부** : 공직에 입직해서 다른 사람들이 기피하는 업무라도 책임감을 가지고 끝까지 업무를 수행하는 자세를 가지도록 노력하겠습니다.

예시 12   경험형 면접 질문 참고 답변

혼자서 해결하기 힘든 일을 집단의 힘으로 해결한 경험은?

- **두괄식** : 네, 저는 과대표로 활동하면서 깨끗한 화장실을 만들려는 일을 해결하려고 노력했던 경험이 있습니다.
- **진행 상황** : 먼저 캠페인 운동을 위해 피켓을 제작하고, 휴지통 없는 화장실을 만들기 위해 각 칸마다 안내문을 붙여야 했습니다. 그리고 학생회원들과 점심시간과 빈 공강시간을 활용해 쓰레기 줍기와 휴지 채우기 활동을 했습니다.
- **결과 및 느낀 점** : 그 결과, 학생들의 화장실 청결 의식이 높아져 더 깨끗한 화장실을 이용할 수 있었습니다. 학생회의 마음을 하나로 모아 캠페인 활동을 했기 때문에 학교의 이미지도 반전하는데 기여할 수 있었다고 생각합니다.
- **임용 후 포부** : 이러한 경험을 바탕으로 혼자서 해결하기 어려운 일이 있다면 도움을 요청하여 보다 더 좋은 성과를 창출할 수 있도록 노력하는 공직자가 되겠습니다. 감사합니다.

예시 13   경험형 면접 질문 참고 답변

불리한 여건에서 긍정적인 결과를 도출한 경험은?

- **두괄식** : 네, 고등학교 2학년 때 건의함을 관리하면서 의견을 수용하지 않는 성향의 사람들을 설득한 경험이 있습니다.
- **진행 상황** : 학생자치 매점을 운영하면서 매점의 건의함을 관리하였습니다. 평소 학생들이 좋아하는 메뉴에 대해 알고 있었기 때문에 이를 메뉴 선정회의에 반영하였습니다. 하지만 선배들은 학생들의 의견을 중요하게 생각하지 않았으며 지극히 개인의 의견만 반영하였습니다.

  선배님을 효과적으로 설득하고자 SNS 오픈채팅으로 수렴하였던 학생들이 선호하는 메뉴의 건의사항을 바탕으로 통계 낸 자료를 보여드렸습니다.

- **결과 및 느낀 점** : 그 결과, 선배님은 매점의 선호도가 높아지도록 전교생의 의견을 반영하였고, 매점 수익률이 1.5배 올라갔습니다. 이로써 학생들의 발길이 끊이지 않는 학생자치 매점이 되었습니다.
- **임용 후 포부** : 이 경험을 바탕으로 지역사회에 좋은 영향을 끼치는 방안이 있다면 적극행정을 실현하는 공직자가 되겠습니다. 이상입니다.

예시 14   **경험형 면접 질문 참고 답변**

본인의 어려움에도 불구하고 타인을 위해 희생했던 경험은?

- **두괄식** : 네, 저는 팔을 다친 친구의 가방을 들어줬던 경험이 있습니다.
- **진행 상황** : 그 친구는 팔과 다리를 다쳐 등굣길과 하굣길에 가방을 힘들게 드는 모습을 보게 되었습니다. 그때 먼저 다가가서 등하교를 도와주겠다며 말했고, 40분이나 긴 왕복 시간에 체력적으로 지치기도 했지만, 오히려 강한 체력을 키울 수 있는 시간이 되었습니다.
- **결과 및 느낀 점** : 그 후, 친구가 회복한 후 고맙다고 말을 하며 손 편지와 따뜻한 말을 해 주었을 때, 지난 2주의 힘든 과정이 매우 뿌듯한 감정이 들었습니다.
- **임용 후 포부** : 이러한 경험을 바탕으로 투철한 봉사 정신으로 국가에는 헌신을 국민에게는 봉사하는 공직자가 되겠습니다.

예시 15   **경험형 면접 질문 참고 답변**

단체의 목표를 설정하여 이룩한 성과는?

- **두괄식** : 네, 저는 영농 주제발표대회에서 대상을 탄 경험이 있습니다.
- **진행 상황** : 그때 꽃차 생산부터 가공까지를 계획표로 작성하여 역할을 분담하였습니다. 또, 이러한 생산과 가공 과정을 사진과 일지로 매일 작성하여 기록물을 남겼습니다. 그뿐만 아니라 기록물을 가지고 매일 의견을 나누며 새벽까지 발표대회 준비를 했습니다.
- **결과 및 느낀 점** : 그 결과 대상을 받을 수 있었고, 이를 통해 "함께"라는 말의 힘을 느낄 수 있었습니다. 특히 꽃을 생산하고 가공하면서 혼자서는 할 수 없는 부분이 많았는데 조원들과 함께 과제를 해결하니 결과적으로 발표대회 우승이라는 기쁨을 나눌 수 있었습니다.
- **임용 후 포부** : 이러한 경험을 바탕으로 개인의 역량뿐만 아니라 함께하는 협동의 힘을 중시하는 공직자가 되겠습니다.

PART
2

공무원 면접 평정요소 및 질문 유형

예시 16 **경험형 면접 질문 참고 답변**

최근 또는 학창 시절에 타인의 의사를 수용하여 과제를 수행한 경험은?

- **두괄식** : 네, 저는 친구의 의견을 수용하여 과제를 수행한 경험이 있습니다.
- **진행상황** : 대학시절 자원봉사단에서 벽화 그리기를 한 경험이 있습니다. 그 때, 같은 조원이 그림만 그리는 것이 아니라 바탕도 칠하고 싶다고 했습니다. 그 때, 시간이 부족했지만, 조원의 의견도 좋다고 생각되어 저는 그림을 그리고 다른 조원은 색을 칠하면서 업무를 분담했습니다.
- **결과 및 느낀 점** : 그 결과, 마을 주민분들께서는 짧은 시간내에 이렇게 좋은 그림을 그려줘서 고맙다고 칭찬해주셨습니다. 또, 다른 이의 의견을 존중하여 최대한 수용하고 함께하려는 노력을 한다면 좋은 결과를 얻을 수 있음을 느꼈습니다.
- **임용 후 포부** : 이러한 경험을 바탕으로 업무에 있어서도 다른 이의 의견을 존중하여 상승효과를 내는 공직자가 되겠습니다.

예시 17 **경험형 면접 질문 참고 답변**

국민에게 신뢰받는 공직자가 되기 위해 필요한 공직가치와 이와 관련된 경험은?

- **두괄식** : 국민에게 신뢰받는 공직자가 되기 위해 필요한 공직가치는 책임감이라고 생각합니다.
- **왜냐하면** : 왜냐하면 국민에게 신뢰를 받는 것은 주어진 일에 책임을 다하는 것에서부터 시작된다고 생각하기 때문입니다.
- **예를 들어** : 예를 들어, 국가고시 시험장에서 관리원 아르바이트를 한 경험이 있습니다. 관리원의 역할은 컴퓨터를 이용해 보는 시험 도중 시험 프로그램에 문제가 생겼을 때에 투입되어 문제를 해결하는 것이었습니다. 시험 중인 도중 한 수험생이 손을 들었고 저는 문제를 해결하러 갔습니다. 저는 이러한 관리원 아르바이트를 할 때에 제가 하는 행동에 한 사람의 시험이 달려있다고 생각하며 책임감을 가지고 임하였습니다.
- **결과적으로** : 그 결과 빠른 시간 안에 문제를 잘 해결할 수 있었습니다. 이러한 경험을 바탕으로 공무원이 된다면 제가 맡은 일에 책임감을 가지고 업무에 철저하게 임하는 공직자가 되겠습니다. 이상입니다.

예시 18 **경험형 면접 질문 참고 답변**

공무원이 가져야 할 덕목은 무엇이며 그렇게 생각하는 이유는?

- **두괄식** : 네, 공무원이 가져야 할 덕목은 정직함이라고 생각합니다.
- **왜냐하면** : 왜냐하면 공무원으로서 공정하고 정직하게 업무를 수행하는 것이 중요하기 때문입니다.
- **예를 들어** : 예를 들어, 고등학교 2학년 학생 자치부 점심 선도 활동을 한 적이 있습니다. 평소에 친한 친구가 교복을 단정히 입지 않아 벌점을 받았습니다. 그 친구는 저에게 한 번만 봐주면 안 되겠냐고 간절하게 부탁하였습니다. 하지만 공정성에 어긋난다고 생각하여 정중하게 거절하였습니다.

- **결과적으로** : 그 결과, 저는 학생부장 선생님의 추천으로 바른 생활인상을 받았습니다. 또한, 정직하게 살자는 제 가치관을 지킬 수 있었습니다. 정직함을 바탕으로 법을 어기는 사람이 있을 때, 올바른 행동을 할 수 있도록 도와주는 모범적인 공직자가 되겠습니다. 이상입니다.

예시 19 **경험형 면접 질문 참고 답변**

예기치 못한 일이나 그런 상황에 처한다면 어떻게 하시겠습니까?

- **두괄식** : 네 저는 예기치 못한 상황에 처한다면 유연하게 대처하여 문제를 해결하겠습니다.
- **왜냐하면** : 왜냐하면 모든 상황은 예기치 못한 일이 발생할 수 있기 때문입니다.
- **예를 들어** : 시중은행에서 실습을 할 때 한 고객이 신규 통장 수수료를 내지 않겠다고 화를 내시며 다른 고객들의 업무 처리가 늦어지고 있었습니다. 저는 그 고객을 빈 창구로 안내해 우선 고객의 기분이 상하지 않도록 차가운 음료를 내어드렸습니다. 그리고 진정이 되실 때쯤 웃으면서 다시 한번 규정에 대해 설명해드렸습니다.
- **결과적으로** : 그 결과 고객에게 수수료 비용을 받으며 예상치 못했던 일을 해결할 수 있었습니다. 저는 이러한 경험을 바탕으로 민원을 처리할 때도 이와 같이 유연하게 대처할 수 있는 공직자가 되겠습니다.

예시 20 **경험형 면접 질문 참고 답변**

특정 목표를 성취하기 위해 중요시하는 요소와 그 이유는?

- **두괄식** : 네, 제가 목표를 성취하기 위해 중요시하는 것은 꾸준함입니다.
- **왜냐하면** : 왜냐하면 어떤 목표든 포기하지 않고 꾸준히 노력하는 자세가 성공할 수 있는 기본자세라고 생각하기 때문입니다.
- **예를 들어** : 저는 체력을 기르고자 매일 운동하는 목표를 세웠습니다. 처음에는 작심삼일에 그쳤지만 마음을 다잡고 매일 헬스장에 출석하며 점점 운동하는 시간을 늘리고 꾸준히 하는 습관을 만들었습니다.
- **결과적으로** : 그 결과 꾸준함을 통해 매일 운동하는 목표를 이루며 건강한 몸과 정신을 가질 수 있었습니다. 저는 공직에 입직해서도 꾸준히 노력하는 자세를 통해 목표를 성취할 수 있는 공무원이 되겠습니다. 이상입니다.

예시 01 **상황형 면접 질문 참고 답변**

본인은 야근을 계속하는데, 동료들은 정시 퇴근을 하는 상황이 반복된다면 어떻게 할 것인가?

- **판단** : 네, 저는 제 업무 방법을 다시 한번 되돌아보겠습니다.
- **근거** : 왜냐하면 제가 야근을 계속하는 것은 업무를 처리하는 데에 미숙하거나 잘못된 방법으로 하고 있을 수도 있다고 생각하기 때문입니다.
- **보완** : 만약 그래도 원인을 찾지 못한다면 선배 공무원이나 동료들에게 업무 방식에 관한 조언을 구하겠습니다. 이러한 방법을 통해 효율적으로 방법을 찾도록 하겠습니다.
- **포부** : 또, 항상 제 자신을 되돌아보고 더욱 발전하려 노력하는 공직자가 되겠습니다. 이상입니다.

예시 02 **상황형 면접 질문 참고 답변**

퇴근 전 갑작스러운 일이 주어졌는데, 사전에 다른 약속이 있다면 어떻게 할 것인가?

- **판단** : 네, 저는 일을 우선하고, 약속을 다른 날짜로 미루도록 하겠습니다.
- **근거** : 왜냐하면 퇴근 전 일이 주어질 정도라면 굉장히 중요하고 민감한 문제가 발생된 것이라고 생각합니다. 그래서 정해진 약속이 이를 거스를 만큼 중요한 문제라고 판단되지 않는다면 사전에 약속한 분께 양해를 구하고 다음을 기약할 것 같습니다.
- **보완** : 또 업무를 마무리한 뒤 덕분에 중요한 업무를 처리할 수 있었다며 다시 한번 미안하다고 전할 것입니다.

예시 03 **상황형 면접 질문 참고 답변**

공적인 일과 개인적인 일이 겹칠 경우 어떤 일을 중시하겠는가?

- **판단** : 네, 저는 공적인 일을 기본적으로 우선하겠습니다.
- **근거** : 왜냐하면 공무원은 공무를 우선적으로 해야 하는 사람이기 때문입니다.
- **보완** : 하지만 가족의 결혼식이나 사고와 같은 중요한 업무가 있을 때는 상사에게 양해를 구하겠습니다. 또는 업무를 빠르게 처리하거나 개인적인 용무를 빨리 끝내고 다시 복귀해 일을 마무리하고 퇴근하도록 하겠습니다.

예시 04 **상황형 면접 질문 참고 답변**

동료가 금품을 받았을 때 어떻게 할 것인가?

- **판단** : 네, 저는 동료가 금품을 받았는지 다시 한번 확인해서 묻도록 하겠습니다.
- **근거** : 만약 금품을 받았다면 다시 되돌려 줄 수 있도록 설득하며 청렴을 기반으로 하는 공무원으로서의

기본자세에 대해 강조해 주며 말하겠습니다. 사람은 누구나 실수를 할 수 있다고 생각하기에 이를 본인이 시정할 수 있는 기회를 줘야 한다고 생각합니다.

- **보완** : 만약 동료가 금품을 되돌려주지 않는다면 관련 매뉴얼에 따라 신고를 진행할 것 같습니다.

예시 | 05   **상황형 면접 질문 참고 답변**

상사가 금연구역에서 담배를 피운다면?

- **판단** : 네, 저는 흡연 구역으로 이동해서 피워달라고 정중히 말씀드리겠습니다.
- **근거** : 왜냐하면 금연구역에서 담배를 피우는 것은 위법한 행위이기도 하고, 도덕성을 기본으로 하는 공무원에게는 국민에게 신뢰가 깎일 수 있는 행동이라고 생각됩니다.
- **보완** : 그리고 상사가 담배를 끊어 건강관리를 잘 하실 수 있도록 사탕과 같은 간식을 함께 가져다드릴 수 있는 센스 있는 공직자가 되겠습니다. 이상입니다.

예시 | 06   **상황형 면접 질문 참고 답변**

악성 민원에 대한 대처는 어떻게 할 것인가?

- **판단** : 네, 제가 생각하는 악성 민원에 대해 말씀드리겠습니다. 자신의 이해를 관철하기 위해 혼자서 수백, 수천 회씩 민원을 넣거나 담당 공무원을 찾아와 소란을 피우는 사람을 '악성 민원인'이라고 합니다. 그런 경우에는 일선 공무원은 정상적으로 업무를 할 수 없는 상황에 이를 수 있습니다.
- **근거** : 그래서 악성 민원인이 찾아오신다면 우선 화가 난 감정을 충분히 이해하고 공감해 줄 수 있도록 하겠습니다.
- **보완** : 또한 만약 화가 많이 난 민원인이라면 찬물을 갖다 드려 조금 더 진정시킬 수 있도록 하고, 법률과 규정 내에서 도울 수 있는 최대한으로 돕도록 하겠습니다.

예시 | 07   **상황형 면접 질문 참고 답변**

처음 시행되는 업무, 즉 매뉴얼이 없는 업무를 본인이 맡게 된다면 어떻게 처리할 것인가?

- **판단** : 네, 처음 시행되는 업무를 맡았을 때 비슷한 선례가 있었는지 먼저 찾아보도록 하겠습니다.
- **근거** : 그 후, 기본 자료를 바탕으로 제가 한번 매뉴얼을 만들어보도록 하겠습니다.
- **보완** : 그리고 나서, 경험이 많은 상사에게 찾아가 이 방식으로 하는 게 맞는지 여쭤보며 일을 처리하도록 하겠습니다. 또, 알려주신 자료와 관련 업무를 참고해 학습하며 최대한으로 노력하도록 하겠습니다.

PART 2

공무원 면접 평정요소 및 질문 유형

예시 08 　상황형 면접 질문 참고 답변

상사가 자신의 업무를 떠맡긴다면 어떻게 할 것인가?

- **판단** : 네, 상사분께서 이유가 없이 제게 업무를 떠맡기지는 않을 것 같습니다.
- **근거** : 제가 업무를 맡는 것이 더 효율적이거나 신속하게 처리할 수도 있다는 판단하에 맡기시는 것일 수도 있다고 생각합니다. 또는 업무를 통해 경험을 쌓게 하기 위해서 일 수도 있다고 생각합니다.
- **보완** : 만약 업무를 떠맡기시는 것이 제게 나쁜 감정이 있는 것이라고 판단이 된다면 배우는 마음으로 열심히 하되 제가 어떻게 행동했는지를 되돌아보고 점심시간이나 쉬는 시간을 이용해 상사분과 대화를 시도해보도록 하겠습니다.
- **포부** : 제가 공무원이 된다면 항상 상사분들과 소통하며 개선해 나갈 수 있는 공직자가 되겠습니다.

예시 09 　상황형 면접 질문 참고 답변

민원인이 요구하는 서비스가 법적으로 불가능한데 해달라고 떼를 쓴다. 어떻게 할 것인가? 업무 종료 후 민원인의 부탁을 들어주겠는가?

- **판단** : 네, 저는 우선 민원의 요구에 경청하겠습니다. 그 후, 어떤 부분을 원하시는지에 대해 파악하겠습니다.
- **근거** : 그리고 법적으로 불가능한 부분은 법령을 직접 이해하기 쉽게 알려드리며 요구를 들어드릴 수 없음을 정중히 말씀드리겠습니다.
- **보완** : 그리고 민원인이 원하는 요구 사항과 비슷한 정책이나 민원인에게 도움이 될 수 있는 다른 부분을 찾아보고 민원인에게 추천해 드리겠습니다. 그래서 민원인의 요구에 최선을 다해 제가 도와드릴 수 있을 때까지 만족시켜 드리겠습니다. 그리고 공무원으로서 국민의 요구에 항상 귀 기울이는 자세로 민원인을 맞이할 수 있는 공직자가 되겠습니다.

예시 10 　상황형 면접 질문 참고 답변

화가 나 흥분한 민원인을 어떻게 대처하겠습니까?

- **판단** : 네, 저는 우선 찬물을 한잔 가져다드리겠습니다.
- **근거** : 저는 화가 나서 고함을 치는 것은 자신의 상황을 이해해 주는 사람이 없기 때문이라고 생각됩니다. 그래서 적극적인 경청을 통해서 민원인의 상황을 공감해 주는 것이 제일 중요하다고 생각합니다.
- **보완** : 그래서 다른 민원인분들이나 동료들에게 피해가 되지 않도록 다른 공간으로 따로 모시도록 하겠습니다.
- **포부** : 이후 불만을 잘 경청하고 공감한 후 법률 내에서 제가 할 수 있는 최선을 다해 돕도록 하겠습니다.

예시 11　　상황형 면접 질문 참고 답변

경험도 없고 양이 많아 어려운 일을 내일 오전까지 해야 할 경우는?

- **판단** : 네, 우선 제 동료나 상사분께 지금 상황을 말하고 도와달라고 요청할 것 같습니다.
- **근거** : 왜냐하면 시간 약속을 지키는 게 중요하기 때문입니다. 우선 제 전문성 부족으로 발생한 일이지만 그 상황에서 탓하기보단 업무가 원활하게 진행되는 것이 우선이라고 생각하기 때문입니다.
- **보완** : 그리고 업무를 마무리한 뒤에는 맡은 업무에 대해 더 알아보거나 관련 자료를 찾아보며 전문성을 쌓고자 노력하도록 하겠습니다. 또, 도와준 동료나 상사분들께 감사함으로 표현할 수 있도록 음료수를 사드리겠습니다. 이상입니다.

예시 12　　상황형 면접 질문 참고 답변

상관의 지시가 자신의 견해와 다를 경우?

- **판단** : 네, 기본적으로 공무원은 복종의 의무가 있습니다.
- **근거** : 그래서 상관인 만큼 저보다는 경험이 많고 전문적이기 때문에 해롭거나 더 비효율적인 지시일 것이라고는 생각이 되지 않습니다. 또한 상사의 생각에 긍정적인 점을 찾겠습니다.
- **보완** : 만약 지시에 대해 이해가 되지 않는다면 상사분께 부족한 점이 많다며 지시에 대한 설명을 부탁드리도록 하겠습니다. 그래도 이해가 되지 않는다면 상관과 터놓고 이야기하며 합의점을 찾도록 하겠습니다.

예시 13　　상황형 면접 질문 참고 답변

상사가 부당한 명령을 내린다면 어떻게 대처하시겠습니까?

- **판단** : 네, 저보다 경험도 많고 전문적인 상사분께서 정말 잘못된 부당한 명령을 내릴 것 같진 않습니다.
- **근거** : 하지만 상사가 자신의 힘을 이용해 사회에 해가 될 수 있는 부당하고 적법한 명령을 내린다면 공무원 전체 신뢰를 깎아먹을 수 있는 중요한 문제라고 생각됩니다.
- **보완** : 따라서 이를 막기 위해 상사분께 이 명령에 대한 시정이나 철회를 설득하도록 하겠습니다.

예시 14　　상황형 면접 질문 참고 답변

기피하는 부서로 발령이 난다면?

- **판단** : 네, 저는 어떤 부서에 가도 잘 적응할 수 있을 거라고 생각합니다.
- **근거** : 그래서 어느 부서에 가도 국민의 안녕과 행복을 위해 일하는 것은 변함없는 사실이라고 생각합니다.
- **보완** : 또, 항상 초심을 잊지 않으며 부족한 점이나 모르는 부분은 배우려고 노력하며 열심히 일하도록 하겠습니다.

예시 15 **상황형 면접 질문 참고 답변**

약속이 있는데 갑작스러운 회식이나 잔업 지시를 받는다면?

- **판단** : 네, 저는 공적인 일을 먼저 하도록 하겠습니다.
- **근거** : 회식도 동료들과 유대감을 다지기 위한 업무의 연장이라고 생각하며, 잔업 또한 업무를 깔끔하게 마무리하는 중요한 일이기에 맡은 일에 대해 책임감을 가지고 처리해야 한다고 생각합니다.
- **보완** : 약속한 상대에게 이유에 대해 양해를 구하고 그 덕에 중요한 일을 처리할 수 있었다며 고마움을 전하고 밥을 한 끼 사주도록 하겠습니다.

예시 16 **상황형 면접 질문 참고 답변**

내가 생각했던 업무가 아니라면 어떻게 하겠는가?

- **판단** : 내가 생각했던 업무가 아니라면 실망을 할 수도 있다고 생각합니다.
- **근거** : 하지만 결국엔 자신의 마음가짐에 달렸다고 생각합니다. 업무에 대해 책임감을 가지고 관심과 열정을 쏟을 수 있는 부분을 찾아낸다면 힘들어도 만족하며 일할 수 있다고 생각합니다.
- **보완** : 또한 저와 같은 고민을 가졌지만 극복해냈던 선배님들에게 조언을 얻고 충실하게 임할 수 있도록 노력하겠습니다.

예시 17 **상황형 면접 질문 참고 답변**

상사가 계속 사적인 일을 시킨다면?

- **판단** : 네, 우선 부하 직원은 상사의 지시에 따르는 것이 옳다고 생각합니다.
- **근거** : 국민과 국가를 위한 공무원으로서의 공적인 업무와 관련이 있다면 최선을 다해 그 지시대로 처리하겠습니다. 그러나 사적인 일을 계속 지시한다면 하는 일이 우선 제 업무에 지장이 가서는 안 된다고 생각합니다. 그래서 업무에 지장이 안 되는 선에서 최대한 도움을 드리도록 하겠습니다.
- **보완** : 저는 업무를 처리함에 있어서 항상 정해진 기준을 생각하며 분별력을 가지고 업무에 임하겠습니다.

예시 18 **상황형 면접 질문 참고 답변**

상사와 의견 충돌이 생긴다면?

- **판단** : 네, 상사와 의견 충돌이 있다면 저는 먼저 상사의 의견에 경청하겠습니다.
- **근거** : 부하 직원으로서 상사에게 제 의견을 강조하기보다는 먼저 상사의 의견이 무엇인지 듣는 것이 중요하다고 생각합니다. 그리고 특히 저와 다른 의견을 가지고 있다면 그 상사의 의견에 대해 집중하여 듣는 것이 중요합니다. 상사의 의견을 들은 후에 제 의견을 정중히 말씀드리겠습니다. 이 부분에서 상사의 의견과 제 의견에의 차이점과 공통점이 있을 수 있다고 생각합니다.

- **보완** : 그리고 차이점이 있다면 대화를 통해 그 차이를 좁히려 하고 상사의 의견과 제 의견에서 적절한 합의점을 찾아보겠습니다. 제 의견과 상사의 의견에서 발생하는 장단점을 고려하여 적절한 절충안을 마련하도록 노력하겠습니다.

예시 19　　**상황형 면접 질문 참고 답변**

상사가 본인이 제출한 보고서에 대해 승인을 자꾸 미룬다면 어떻게 하시겠습니까?

- **판단** : 이 상황에서는 우선 제 보고서에 오류 사항이 있는지를 다시 한번 검토하겠습니다.
- **근거** : 보고서에 문제가 있어서 승인을 내리지 못하고 있을 수 있기 때문입니다. 검토한 후에 오류 사항이 발견되지 않는다면 상사가 바쁜 상황인지 살펴보겠습니다. 상사가 너무 바쁜 상황이라 제가 제출한 보고서를 보지 못했을 수도 있다고 생각합니다.
- **보완** : 그러나 바쁘지 않은 상황이고 제 보고서를 보고 나서 승인을 해주지 않는다면 자연스럽게 대화를 청하겠습니다. 그리고 제 보고서에 혹시 문제는 없었는지를 공손하게 여쭈어보겠습니다.
- **포부** : 제가 공무원이 된다면 제가 처리한 업무에 오류가 있는지 항상 확인하고 이를 수정하면서 더욱 발전하는 공직자가 되겠습니다.

예시 20　　**상황형 면접 질문 참고 답변**

동료가 불공정한 행위를 저지른다면 고발하시겠습니까?

- **판단** : 섣불리 동료를 고발하지 않고 침착하게 동료에게 대화를 청해볼 것입니다.
- **근거** : 불공정한 행위에 대해 물어 보고 객관적인 기준을 가지고 동료의 생각을 들어보겠습니다. 그리고 불공정한 행위에 대해 뉘우치지 않는다면 스스로 뉘우칠 수 있도록 관련법에 대해 알려주고 자신의 행동이 미치는 영향을 깨닫도록 할 것입니다.
- **보완** : 자신이 저지른 행동에 대해 반성하고 이를 자백할 수 있도록 설득하여 동료를 올바른 길로 이끌고 싶습니다. 이상입니다.

의 한 권으로 끝내는 공무원 면접 스피치

PART 3

공무원 면접,
국가직·지방직
예상 질문

국가직·지방직 공무원 면접 기출문제

01 개인 특성 및 경험형 질문

▶ 최근 가장 열정적으로 이뤘던 경험은?

▶ 목표를 정하고 달성하는 과정에서 실수를 한 경험과 이를 극복한 방안은?

▶ 본인은 창의적인 사람입니까?

▶ 평소 자기계발을 위한 본인만의 방법은?

▶ 인간관계는 어떤 편인가요?

▶ 목표를 했는데 이루지 못한 경험이 있나요?

▶ 좋아하는 사자성어는?

▶ 친구들과 갈등을 조정한 경험은?

▶ 본인을 희생해서 다른 사람을 도와준 경험은?

▶ 누군가의 부탁을 거절한 경험은?

▶ 목표를 가지고 준비하던 일 가운데 실패한 경험은?

▶ 지금까지 이뤄낸 것 중에서 가장 힘들었던 경험과 그것을 어떻게 완수했는지?

▶ 상식에 어긋나거나 예의에 어긋나는 사람에게 어떻게 대처했는지?

▶ 약속이 중복된 경험과 그에 대한 대처방안은?

▶ 불가피하게 법이나 도덕, 조직의 규율을 어겨야 했던 경험과 그에 대한 대처는 어떻게 하였는가?

▶ 누구도 시키지 않은 일을 솔선수범한 일은?

▶ 본인은 리더십이 있는 사람이라고 생각하십니까?

▶ 봉사활동의 경험이 있는지, 가장 기억에 남는 봉사활동은?

▶ 가장 존경하는 사람은 누구이며, 본받고 싶은 점은 무엇인가?

▶ 스트레스 해소 방법은 무엇인가?

▶ 본인을 사물이나 단어로 표현한다면?

▶ 본인이 다른 지원자와 차별화된 강점은 무엇이라고 생각하는가?

▶ 다른 사람들이 꺼려하는 일을 주도적으로 한 경험은?

▶ 혼자서 해결하기 힘든 일을 집단의 힘으로 해결한 경험은?

▶ 국민으로부터 신뢰받는 공직자가 되기 위한 역량과 이를 위한 준비 방안은?

▶ 대화 과정에서 오해가 발생해 해결한 경험은?

▶ 타인의 의견을 수용하지 않는 성향의 사람들을 이해시키고 설득한 경험이 있다면?

▶ 본인의 어려움에도 타인을 위해 희생했던 경험은?

▶ 단체의 목표를 설정하여 이룩한 성과는?

▶ 타인의 의사를 수용하여 과제를 수행한 경험이 있나요?

▶ 본인의 가치관이나 생활신조는?

▶ 자신의 장점 3가지를 말하고, 이를 어떻게 업무에 연결할 것인가?

▶ 살아오면서 가장 기억에 남는 일은?

▶ 본인은 창의적인 사람이라고 생각하는가?

▶ 살아오면서 가장 힘들었던 경험과 극복한 방법은?

▶ 최근에 가장 기뻤던 일은 언제인가?

▶ 가장 열정적으로 도전했던 경험이 있는가?

▶ 여러 가지 업무를 처리해본 경험이 있는가?

▶ 기억에 남은 실수는 무엇인가? 또 극복하기 위해서 어떻게 노력하였는가?

▶ 학창 시절 왕따를 당하거나 장애인 등 어려운 친구들 도와준 경험은?

▶ 본인의 일이 아닌 일을 대신한 경험이 있는가?

▶ 마지막 하고 싶은 말은?

02 상황형 질문

▶ 본인은 야근을 계속하는데, 동료들은 정시 퇴근을 하는 상황이 반복된다면 어떻게 할 것인가?

▶ 퇴근 전 갑작스러운 일이 주어졌는데, 사전에 다른 약속이 있다면 어떻게 할 것인가?

▶ 공적인 일과 개인적인 일이 겹칠 경우 어떤 일을 먼저 중시하겠는가?

▶ 동료가 금품을 받았을 때, 어떻게 할 것인가?

▶ 민원인이 요구하는 서비스가 법적으로 불가능한데 해달라고 떼를 쓴다면 어떻게 할 것인가?

▶ 상사가 계속 사적인 일을 시킨다면 어떻게 하겠습니까? (또는 상사와 의견 충돌 시 해결 방법은?)

▶ 상사가 금연구역에서 담배를 피운다면?

▶ 악성 민원에 대한 대처는 어떻게 할 것인가?

▶ 처음 시행되는 업무, 즉 매뉴얼이 없는 업무를 본인이 맡게 된다면 어떻게 처리 할 것인가?

▶ 지하철을 탔는데, 노약자석에 20대 젊은이가 앉아 있고, 70대 어르신이 서있는 모습을 발견했다. 어떻게 할 것인가?

▶ 상사가 자신의 업무를 떠맡긴다면 어떻게 할 것인가?

▶ 과장과 계장이 동시에 일을 지시한다면 누구의 지시를 따를 것인가?

▶ 상사가 본인이 제출한 보고서에 대해 승인을 자꾸 미룬다면 어떻게 할 것인가?

▶ 업무 종료 후 민원인의 부탁을 들어주겠는가?

▶ 화가 나서 흥분한 민원인을 어떻게 대처하겠습니까?

▶ 본인은 상관의 지시대로 일을 했을 뿐인데, 나중에 알고 보니 자신이 비리에 연관되어 있음을 알게 되었다면 어떻게 하겠는가?

▶ 못살게 하는 상사가 있다면?

▶ 경험도 없고 양이 많아 어려운 일을 내일 오전까지 해야 할 경우 어떻게 하겠는가?

▶ 상관이나 동료와 트러블이 생겼을 때 어떻게 할 것인가?

▶ 업무 수행 중 실수를 하게 된다면 어떻게 하겠는가?

▶ 상관의 지시가 자신의 견해가 다른 경우 어떻게 하겠는가?

▶ 상사가 부당한 명령을 한다면 어떻게 대처하겠는가?

▶ 기피하는 부서로 발령이 난다면?

▶ 말도 안 되는 민원이 있을 때는?

▶ 업무 종료 후 민원인의 요청이 있으면 어떻게 대응하시겠습니까?

▶ 어떤 민원인이 너무 민원처리가 늦다고 당장 처리해 달라며 화를 낸다. 실제로 민원인에게 말하듯이 말해보세요.

▶ 공무원으로서 어떤 자세로 근무할 것인가?

▶ 약속이 있는데 갑작스러운 회식이나, 잔업 지시를 받는다면?

▶ 동료나 불공정한 행위를 저지른다면 고발하겠는가?

▶ 동료의 부정이나 비리를 발견했을 때 어떻게 하겠습니까?

▶ 공무원이 청렴해야 하는 이유는?

▶ 내가 생각했던 업무가 아니라면 어떻게 하겠는가?

▶ 상사가 자신에게 부적절한 지시를 한다면?

▶ 상사가 위법한 명령을 할 경우에는 어떻게 하시겠습니까?

03 공직관/희망 부처

▶ 공무원이 되고 싶었던 이유는 무엇이고, 기업이 아닌 공무원에 지원한 이유는?

▶ 공공의 이익과 사익의 관계를 어떻게 생각하는지?

▶ 태극기의 건곤감리가 뜻하는 것은?

▶ 공무원의 6대 의무는?

▶ 공무원의 4대 금지 의무는?

▶ 면접 준비를 하면서 공부한 국가정책 중 인상 깊었던 것은?

▶ 공무원의 덕목 중 가장 중요한 것은?

▶ 조직과 개인 중 어느 것이 더 중요하다고 생각하는가?

▶ 어떤 공무원이 되고 싶나?

▶ 김영란법에 대해서 아는 대로 설명하고, 이에 대해 어떻게 생각하는가?

PART 3

공무원 면접, 국가직 · 지방직 예상 질문

▶ 본인이 생각하는 청렴이란?

▶ 본인이 생각하는 공무원의 장점과 단점을 각각 말해보세요.

▶ 9급 공무원의 초임 월급에 대해서 알고 있는가?

▶ 공직자 음주운전 엄벌에 대해 어떻게 생각하는가?

▶ 헌법 제7조에 공무원은 국민 전체에 대한 봉사자라고 명시되어 있는데 이에 대해 어떻게 생각하는가?

▶ 자신이 희망하는 부서에서 잘 발휘할 수 있다고 생각하는 공직가치는?

▶ 희망하는 부처는?

▶ 어떤 업무를 하고 싶은지, 관심 있는 부서는?

▶ 희망하는 부처와 가고 싶은 부서에서 이와 관련된 전문성을 기르기 위해 어떤 준비를 하였는가?

▶ 자신이 근무하는 부처의 업무와 적합성이 떨어지는 업무가 주어졌을 때 어떻게 극복할 것인가?

Chapter 2

국가직 · 지방직 공무원 면접 예상문제 답변 작성해보기

- 연습이 아니라 실전이라고 생각해 주세요.
- 내가 하고 싶은 말이 아니라 듣고 싶은 말을 해주세요.
- 작성한 후, 소리를 내서 크게 읽어주세요.
- 그 다음, 거울을 보며 내 눈을 바라보며 100번 연습하세요.
- 마지막으로 셀프 동영상을 촬영해보며 말하는 모습을 피드백하세요.

짜니쌤의
Key point

국가직 면접은 '자기기술서'와 '5분 스피치'가 기본이 되어야 한다.
하지만, 30분간의 개별 면접 시간 동안 지원자의 과거의 행동을 파악할 수 있는 경험형 질문이라든지, 지원자의 공직관과 지원한 이유, 지원자의 미래의 행동을 예측할 수 있는 상황형 질문이 나올 수 있기 때문에 다양한 질문에 있어서 미리 숙지하고, 연습한다면 압박 질문이나 꼬리 질문에도 유연하게 답변할 수 있다.

01	국가직 9급 면접 질문

01	공직생활에서 가장 중요한 덕목은 무엇이며 이유는 무엇인가?

PART
3

공무원 면접, 국가직 · 지방직 예상 질문

02 다른 사람이 도움을 요구했을 때 도와준 경험은?

03 공무원이 되어야겠다고 생각하게 된 계기는?

04 인생을 살면서 가장 중요하게 생각하는 것은 무엇인가?

05	본인의 장점과 단점을 2가지씩 말해보세요.

06	살아오면서 성취감을 느꼈던 경험을 말해보세요.

07	아르바이트 경험 중 가장 기억에 남는 경험과 그 이유는?

| 08 | 봉사활동 경험 중 가장 기억에 남는 경험과 그 이유는? |

| 09 | 본인만의 스트레스 관리 방법은? |

| 10 | 동료와 의견 차이가 발생한다면 어떻게 해결하시겠습니까? |

11 10년 뒤 본인의 모습은 어떤 모습을 하고 있을 것 같나요?

12 나만의 시간 관리 비법이 있다면?

13 최근 인상 깊게 본 책이나 영화는 무엇인가요?

14 양심의 가책을 느꼈던 경험이 있다면?

15 가장 존경하는 인물은 누구인가요? 그 이유는?

16 본인이 공무원이 된다면 추진하고 싶은 정책이나 일이 있나요?

17 전원 참석 강요 등 다소 강압적인 회식 자리에 대해 어떻게 생각하는지?

18 공직자의 음주운전 엄벌에 대해 어떻게 생각하시나요?

19 만약 본인의 업무를 진행할 수 없을 정도로 괴롭히는 민원인이 있다면?

20 살면서 창의적으로 문제를 해결한 경험은?

21 공무원이 된다면 본인의 장점 중 어떤 부분이 장점에 맞는지?

22 팀워크를 발휘하여 잘 된 경험을 말해주세요.

23	구체적으로 가고 싶은 부서와 이유, 관심 있게 지켜본 정책은 무엇인가?

24	임용 후에 하고 싶은 업무나 이루고 싶은 목표가 있나요?

25	동료와 협업해야 하는 업무를 하던 중, 동료가 자신이 알고 있는 정보에 대해 잘 협조하지 않는다면 어떻게 하시겠습니까?

PART
3

공무원 면접 국가직·지방직 예상 질문

| 26 | 지인이나 선배가 업무의 편의를 부탁하면 어떻게 하시겠습니까? |

| 27 | 상사가 사적인 일을 시킨다면 어떻게 하시겠습니까? |

| 28 | 나이가 어리다는 이유로 중요한 업무를 맡기지 않거나, 당신의 의견을 반대 또는 무시한다면? |

29	상사가 불합리한 지시를 내린다면 어떻게 하시겠습니까?

30	악성 민원인을 만나게 된다면 어떻게 하시겠습니까?

31	본인 업무와 상관이 요청한 보고서의 업무가 동시에 발생한다면 어떻게 하시겠습니까?

PART
3

공무원 면접, 국가직·지방직 예상 질문

32 퇴근 전 갑자기 급한 업무라면서 야근을 지시했다. 하지만 본인은 오늘 저녁 중요한 약속이 있다. 어떻게 하시겠습니까?

33 평소 평가가 좋지 않은 상사의 비리 내용을 들었을 때 대처 방법은?

34 공무원의 6대 의무에 대해서 말해주세요.

35 민원담당 공무원의 기본 요건은 무엇입니까?

36 조직과 개인 중 어느 것이 더 중요하다고 생각하십니까?

37 김영란법에 대해서 아는 대로 말해주세요.

PART 3

공무원 면접, 국가직 · 지방직 예상 질문

38 본인이 생각하는 청렴이란?

39 본인이 생각하는 공무원의 장점과 단점을 2가지씩 말씀해 주세요.

40 상사의 부정이나 불법 행위를 직접 목격했다면 어떻게 하시겠습니까?

| 41 | 친척이나 친한 지인이 부당한 청탁을 해온다면? |

| 42 | 조직을 위해 본인이 손해를 감수하고 헌신한 경험이 있으면 말해주세요. |

| 43 | 조직 내에서 발생한 문제를 해결하기 위해 리더십을 발휘한 경험과 느낀 점은? |

44 현재 우리나라의 국정지표에 대해 알고 있는 것을 말해주세요.

45 현재 우리나라에서 가장 시급하게 해결해야 할 문제와 그 이유를 설명하세요.

46 공무원 헌장 전문에 공무원은 '국가에 헌신해야 한다.'는 의미를 어떻게 생각하시나요?

| 47 | 공무원의 4대 금지 의무는? |

| 48 | 본인은 어떤 공무원이 되고 싶은가? |

| 49 | 본인이 꼭 뽑혀야 하는 이유는? |

50 원만한 대인관계를 위해 필요한 사항은?

51 시간 외 근무에 대해서 어떻게 생각하는지?

52 공직자로서의 보람은 무엇인지?

53   우리 사회에서 가장 시급하게 해결해야 할 사회적 과제는 무엇인지?

54   공무원의 부패 방지를 위해 필요한 것은?

55   휴일근무, 출장이 잦은 보직을 받는 경우 어떻게 대처할 것인가?

PART **3**

공무원 면접, 국가직·지방직 예상 질문

56 공직생활과 개인생활에서 어느 것이 더 중요한지?

57 공무원은 국민의 봉사자라는 말에 대한 개인적인 생각을 이야기하세요.

58 마지막으로 하고 싶은 말이 있나요?

02 일반행정직 면접 질문

01 실패한 경험과 극복한 경험을 말해보시오.

02 임용 후 어떤 공무원이 되고 싶은가요?

03 본인의 인생 변화에 가장 큰 계기가 있다면 무엇인가?

04 봉사활동 경험이 있는지?

05 공직에 지원한 이유는 무엇인가?

06 공직 사회에서 개선해야 할 점은 무엇인가?

| 07 | 중앙정부와 지방정부의 바람직한 관계를 설명하세요. |

| 08 | 공무원은 전문성이 없다고 하는데 이에 대한 개인적인 의견은? |

09 공무원은 보수가 낮은데 공무원이 갖는 사회적 가치는 무엇인가?

10 근무 희망 부처는? 해당 부처에 관심을 갖게 된 이유는?

11 공무원과 청렴의 관계에 대해서 설명해보세요.

12 지금까지 살아오면서 가장 후회되는 일은?

13 본인은 창의적인 사람이라고 생각하는지? 창의력을 발휘한 예를 말해보세요.

14 민원인이 업무 종료 후에 방문한다면?

15 악성 민원인에 대해 어떻게 생각하는지?

16 공평과 형평의 차이점은 무엇인가?

17 본인이 꼭 뽑혀야 하는 이유는?

18	가장 열정적으로 도전했던 경험은?

03 우정사업본부직 면접 질문

01	자기소개를 1분 동안 해보시오.

02	지금까지 살아오면서 가장 기뻤던 일은 무엇인가?

03 　최종 합격하면 어떤 일을 하고 싶은가?

04 　공무원 노조에 대해서 어떻게 생각하는가?

05 전공이 다른데 우정사업본부를 지원한 이유는?

06 우체국 업무 중에서 해보고 싶은 업무는?

07 우체국 민영화에 대해서 어떻게 생각하는가?

08   우체국에 가본 적 있는지? 어떤 점을 느꼈는지?

09   우체국의 행정서비스 개선을 위해 본인이 할 수 있는 일은?

10   우정사업본부에 합격하면 주로 어디에 발령이 나는지 알고 있는지?

11 우체국 쇼핑에서 마케팅 효율화를 위한 방안은?

12 우체국 택배를 이용해본 적이 있는지?

13 직업이 본인의 인생에서 얼마나 중요한 의미를 갖는지 설명하시오.

PART 3

공무원 면접, 국가직·지방직 예상 질문

14 우체국 일이 생각보다 힘들 수 있는데 잘 할 수 있는지?

15 우체국에서 근무 시 어려운 점은 어떤 것이라고 생각하는지?

16 우정 행정에 있어서 고객 만족은 무엇인지 설명해보세요.

17 우체국이 수익사업을 위해 변화를 주거나 발전시킬 방법은 무엇이라고 생각하는지?

18 변화하는 공직사회에 본인이 발휘할 능력은?

19 요즘 우편요금이 얼마인지 알고 있는지?

20 공무원 시험 전 관공서에서 아르바이트 등의 경험을 해본 적이 있는지?

21 창의력을 발휘한 경험은?

22 사회생활을 하면서 주도적으로 문제 해결을 해본 경험을 말해보시오.

23 다른 지원자와 자신을 차별화할 수 있는 점을 말해보시오.

24 우체국 행정의 보편적 서비스는 무엇인지?

04 교육행정직 면접 질문

01 아르바이트나, 근무 경험이 있는가?

02   지원 분야와 전공이 맞지 않는데 지원한 이유는?

03   임용 후 개인 포부를 말해보시오.

04 지원자가 다른 지원자와 차별화된 강점은 무엇인지?

05 본인이라면 갑질에 어떻게 대응할 것인가?

06 사업을 하는 친구가 교직원의 개인 정보를 요구하면?

07 인문학적 소양이 필요한 이유는?

08 들어가서 하고 싶은 업무와 가고 싶은 부서는?

09 진취적으로 문제를 해결한 경험은 무엇인가?

10 학교 운영위원회의 의의, 역할을 말해보시오.

11 학교회계에 대해서 말해보시오.

12 평생 교육에 대해서 설명해보세요.

13　업무가 많아서 힘이 들 때 어떻게 하시겠습니까?

14　교사 또는 학교 구성원과 갈등 시 어떻게 해결할 것인가?

15　우리나라의 교육 이념은 무엇인가?

16 인간관계에서 중요한 점은 어떤 것이라고 생각하는가?

17 잠재적 학습이라는 것은 무엇인지?

05   세무직 면접 질문

01 자신의 경쟁력은 무엇이라고 생각하는지?

02 세무직을 지원한 동기는 무엇인가요?

03 일반 과세와 간이과세의 차이를 설명하세요.

04 세무서에 가본 적 있는지? 거기서 느낀 점은?

05 국세와 지방세의 구분 기준과 목적은?

06 국세청에 들어가면 어떤 일을 할 것이라고 생각하는지?

07 세무서에는 민원이 많은 편인데 악성 민원을 어떻게 처리할 것인지?

08 본인은 청렴한 사람입니까?

09 국세청 홈택스에 들어가 본 적이 있는지?

10 부가가치세에서 신용카드 사용 시 공제액은 몇 %이고, 그 한도액은?

11 사람들이 납세를 회피하거나 적게 신고하려는 이유는 무엇인지?

12 세무공무원으로서 가장 중요한 덕목은 무엇인지?

13 소득세와 법인세의 납세의무 성립 시기는?

14 김영란법에 대해 아는 대로 말해보시오.

15 탈세와 절세의 차이점, 그리고 탈세방지책을 설명해보세요.

| 16 | 가산세와 가산금의 차이점은 무엇인지? |

| 17 | 세무직의 장단점을 다른 직렬과 비교하여 설명하시오. |

| 18 | 실질과세 원칙이란 무엇인가? |

19 직접세와 간접세의 차이점은 무엇인지?

20 종합부동산세의 취지와 목적은?

21 대차대조표와 손익계산서의 차이점을 설명하시오.

22 마지막으로 하고 싶은 말은?

06 검찰 사무직 면접 질문

01 자신의 봉사활동에 대해서 설명해보세요.

02 본인이 지원한 분야에서 강점은 무엇인지?

03 본인이 존경하는 인물?

04 좋아하는 운동은 무엇인가요?

05	인생에서 중요하게 여기는 것은 무엇인가요?

06	검찰이 영장 청구를 하면 법원이 기각하는 사례가 있는데 이러한 경쟁 관계를 논리적으로 설명해보세요.

07	검찰과 경찰의 차이는 무엇인가요?

08   민사소송법과 형사소송법의 차이는?

09   친고죄와 반의사불벌죄의 차이는 무엇인지?

10   검찰 공무원에게 가장 필요한 덕목은?

| 11 | 자신이 검찰 공무원이 되어야 하는 이유를 설명하시오. |

| 12 | 피의 사실 공표죄란 무엇인지? |

| 13 | 벌금형만 있는 범죄는? |

PART
3

공무원 면접, 국가직·지방직 예상 질문

14 추징이 형법상 벌에 해당되는가?

15 긴급체포의 요건은 무엇인가?

16 검찰직으로 근무를 하면 주변의 청탁을 받을 수 있는데 어떻게 대처하겠는가?

17	국민의 형사재판 참여제에서는 배심제를 채택하고 있는데 배심제에 대한 자신의 의견은?

18	마지막으로 하고 싶은 말은?

07 관세직 면접 질문

01	일이 힘들고 야근이 많은데 잘 적응할 수 있는지?

02 상사와 계속 갈등이 생긴다면 어떻게 대처할 것인지?

03 자신의 생활신조나 좌우명이 있다면 무엇인지?

04 세관에 근무 시 지인이 규정을 위반하여 외화, 물품을 입국 시 가져올 경우 어떻게 대처할 것인지?

05 관세직에 지원하게 된 이유는?

06 해외에서 입국 시 외화신고 제도에 대해서 설명해보세요.

07　면세 제한 금액을 높이자는 의견에 대한 지원자의 생각은?

08　관세직 공무원에게 요구되는 공무원의 요건은?

09　면세한도는 얼마인가?

10	관세의 중요성을 이야기하세요.

11	봉사활동 경험이 있다면 이야기해보세요. 봉사활동 후 본인의 마음은?

12	영어를 비롯한 외국어를 잘 구사하는지?

PART
3

공무원 면접, 국가직 · 지방직 예상 질문

13 입국하는 사람이 1000불짜리 시계를 차고 입국장을 통과한다면? 자신의 것이라고 우긴다면?

14 여행객이 면세범위를 초과하는 금액의 물품을 가지고 입국 시 세금을 추가로 부과해야 하는데 어떻게 대처할 것인지?

15 남에게 신뢰를 주기 위해서 노력해야 하는 것은 무엇인지?

| 16 | 세관의 경우 2~3교대 근무가 많은데 이러한 근무형태에 대해 잘 적응할 수 있는지? |

| 17 | 관세직 공무원이 된다면 본인이 하고 싶은 업무는? |

| 18 | 세관은 어떤 일을 하는지 간략하게 설명해보세요. |

| 19 | 시간을 내서 휴가를 가려고 하는데 출발 당일 해결해야 할 일이 생긴다면 어떻게 대처할 것인가? |

| 20 | 일을 잘 하지만 불성실한 사람과 성실하지만 일을 잘 못하는 사람 중에서 어떤 사람을 택하겠는가? |

| 21 | 세관에서 근무 시 예상되는 어려움은 무엇인지? |

22 면접관에게 마지막으로 하고 싶은 말은?

---

08 출입국 관리직 면접 질문

01 스트레스는 어떻게 해소하는지?

02 본인이 살아오면서 가장 기억에 남는 일은?

03 원어민 영어강사의 무분별한 채용 실태에 대한 의견은?

04 출입국 거부 사례에 대해서 예를 들어 설명해보시오.

05 불법체류 외국인의 귀국이 필요한 이유는?

06 재외 국민과 외국 국적 동포의 차이점은 무엇인지?

07 출국 금지에 대해서 설명해보시오.

08 불법체류자를 줄일 수 있는 방안은?

09 출입국관리직 공무원이 갖춰야 할 덕목은 무엇인지?

10 전공과 다른 출입국관리직을 택한 이유는?

11 출입국관리직에 지원한 동기를 영어로 간단히 말해보세요.

12 개인의 출입국 내역은 타인에게 알려줄 수 없는데 지인으로부터 요청을 받는다면 어떻게 대응할 것 인지?

13 출입국관리직 공무원으로서 자신의 능력 발전을 위해 해야 할 일은 무엇인지?

14 이민자들의 확대에 대한 출입국정책의 방향을 말해보시오.

15 출입국관리 민원 중에 가장 힘든 것은 무엇이라고 생각하는지?

16 출입국관리직 공무원이 된다면 어떤 각오로 업무에 임할 것인가?

09   교정직·보호관찰직 면접 질문

01   자신을 표현할 수 있는 단어는?

02   지금까지 살면서 좌절해 본 적이 있는지?

03   수용자들이 고소를 하거나 진정을 한다면 어떻게 대처할 것인가?

04 도주자가 발생했는데 아직 못 잡은 상황이 발생한 원인과 대책은?

05 석방의 종류에 대해서 말해보시오.

06	교도관의 임무에 대해서 이야기해보세요.

07	수용자가 소지가 금지된 물품을 가지고 있는 것을 발견 시 어떻게 대처하겠는가?

08	교정직/보호관찰직을 선택한 이유는?

09 구치소와 교도소의 차이점은?

10 교정교화란 무엇이라고 생각하는지?

11 갱생보호 제도란 무엇인지?

12	보호관찰제도의 유형에 대해 말해보시오.

13	소년 보호의 원칙에 대해서 말해보시오.

14	만약에 야간에 혼자 근무 시 어떤 수용자가 자해를 한다면 어떻게 대처하겠는가?

PART
3

공무원 면접 국가직·지방직 예상질문

15 보호관찰은 재범방지가 목적인데 계속 재범하는 범죄자는 어떻게 대처하겠는가?

16 교정직/보호관찰직 공무원으로 필요한 덕목은 무엇인지?

17 자신의 장점과 보호 관찰 업무를 연결하여 설명해보시오.

18	마지막으로 면접관에게 하고 싶은 말은?

19	정부에서 추진하고 있는 교화 프로그램을 설명해보세요.

10	**기술직 면접 질문**

01	타인과 의견 충돌 시 어떻게 해결하겠는가?

02 최근 화를 낸 적이 있는지? 화를 냈다면 그 이유는?

03 학창 시절에 어떤 분야를 중심으로 공부했는지?

04	기술직을 선택한 이유는?

05	일반 공무원과 기술직 공무원은 어떤 차이가 있는가?

06	대형 건축물 발주방법은 무엇인지?

07   공동주택의 종류에 대해서 설명해보세요.

08   법률 검토 종료 후 건축물 허가를 내주었는데 민원이 제기된다면 어떻게 해결할 것인지?

09   용적률과 건폐율의 차이점은?

10　새집증후군은 무엇이고 해결방안은?

11　업무 관련 자격증을 보유하고 있는지?

12　전송 기술직이 하는 일은 무엇인가?

13 유비쿼터스의 정의와 장점은 무엇인지?

14 아날로그와 디지털의 차이점은?

15 정보통신기술 발전과 보안 문제의 조화에 대해서 설명해보시오.

16 조직 내 기술직과 행정직의 조화를 위해서 필요한 것은?

17 조직에서 필요한 기술직 공무원의 덕목은 무엇인지?

쌤의 Key point

지방직의 면접은 그 지역을 충분히 숙지하는 것이 중요합니다.

예를 들어, 경기도라면 경기도에 대해 소개할 수 있어야 합니다. 또, 시, 군 개수가 몇 개인지, 시장 성함과 추진하는 정책에 대해서도 숙지를 하셔야 합니다. 또, 해당 지역의 당면 과제, 발전전략, 인구수는 기본적으로 숙지하세요.

또, 해당 지역의 관광산업, 즉 먹거리, 즐길 거리, 볼거리를 나눠서 준비해 주세요.

11 지방직 9급 면접 질문

01 1분 자기소개해 주세요.

02 왜 공무원이 되려는가?

03 공무원이 되면 어떤 정책을 펼치고 싶은가?

04 인허가 서류 제출 시 서류를 이것저것 가지고 오라고 하는 것은 민원인의 입장에서 갑질로 보는데 거기에 맞는 생각이나 행동은?

05 팀원들과 회의 중 의견 충돌이 있다면 어떻게 하겠는가?

06 지역의 인구수와 지역 군수 또는 시장 이름은?

PART 3

공무원 면접, 국가직·지방직 예상 질문

07 인구 고령화 현상의 해결방안은?

08 우리 지역의 예산 규모는?

09 우리 지역의 현안 사항 또는 현 군수(시장) 추진사항은?

10	도의 주요 현황은?

11	공무원의 의무 6가지를 설명하시오.

12	공직가치 9가지와 적합한 덕목은?

13 일이 다 끝난 시간에 민원이 온다면 어떻게 할 것인가?

14 저출산 해결방안은?

15 상사와 의견 충돌 시 어떻게 하겠는가?

16 가장 기억에 남는 봉사활동과 느낀 점은?

17 슬로건과 도정 목표는?

18 지방 소멸과 대책은?

| 19 | 인구 절벽이란? |

| 20 | 10년 뒤 공직 비전, 희망 업무는? |

| 21 | 우리 지역의 홍보를 해보세요. |

22	공무원 노조에 대한 생각은?

23	주민소환제란?

24	파킨슨의 법칙이란?

25 지방자치제도에 대한 생각은?

26 자신의 장점과 단점은?

27 목민심서에서 제일 기억 남는 부분은?

28	공무원과 사기업의 차이는?

29	다른 사람을 설득한 경험이 있는가?

30	타인을 위해 희생한 경험이 있는가?

PART 3

공무원 면접 국가직·지방직 예상 질문

31	단체 활동 및 조직 내에서 협업한 경험이 있는가?

32	사회경험 도중 문제점을 발견하고 개선한 경험이 있으신가요?

33	본인의 단점과 이를 극복하기 위한 노력은?

34 실패했던 경험이 있나요?

35 코로나 시대에 가장 중요한 공직가치는?

36 청렴도를 높이기 위한 방안은?

37　전문성 있는 사람과 인성이 좋은 사람 중 어떤 사람을 뽑고 싶은가?

38　국민 주권이란?

39　다문화 정책에 대해서 아는 것이 있는지?

40 헌법의 기본 원리는? (헌법 제1조 1항, 2항, 헌법 제7조 제1항)

41 인구 유출에 대한 생각은?

42 민원인이 구청장 또는 군수를 부르라면서 화내면 어떻게 할 것인지?

43 스트레스 해소 방법은?

44 민원인이 고맙다고 선물을 들고 온다면?

45 동료가 내 업무가 아닌데 자신의 일을 부탁한다면?

46	주말 대민지원 업무가 가능한지?

47	야근해야 하는데 집에 급한 일이 생겼다면?

48	동료 공직자의 부정행위 발견 시에 어떻게 할 것인가?

49 상급자의 부당한 명령에 대해서 어떻게 할 것인가?

50 우리 시의 4차 산업 관련 AI 기술 적용 사례를 아는지, AI 응용 정책을 제안해보세요.

51 김영란법은?

| 52 | 관광에 있어 가장 중요한 포인트는? |

| 53 | 우리 시의 소개와 장점은? |

| 54 | 재래시장을 살리는 방안에 대해 말해보세요. |

55 본인이 희망하는 부서는?

56 살면서 자기가 창의적으로 문제를 해결한 경험이 있습니까?

57 가장 기억에 남는 봉사활동 경험과 느낀 점은?

58 주민참여에 대해 말해보세요.

59 타인과의 갈등을 겪은 적이 있다면 구체적 사례와 극복 방법, 얻은 점은 무엇인가?

60 대화하기 어려운 상대를 본인만의 방법으로 설득하거나 합리적인 조정을 한 경험을 말해보세요.

61 만약 민원인이 와서 안 되는 일을 억지로 부릴 경우 어떻게 하실 건가요?

62 대민업무를 맡게 되었을 때 어떤 마음자세로 일하시겠습니까?

63 시간이 많지 않아 신속히 중요한 사안을 처리했던 경험을 말해보세요.

64	10년 후의 본인의 모습을 그려보시오.

65	본인의 인생 목표는? 또는 좌우명이 있다면?

66	상사가 사적인 부탁을 지속적으로 한다면?

67 상사와 휴가 일정이 겹칠 경우, 한 사람만 갈 수 있다면?

68 우리 시/군을 1분 동안 홍보해 주시기 바랍니다.

69 어린 상사와 의견이 충돌한다면 어떻게 하시겠습니까?

| 70 | 다른 사람과 차별화된 나의 강점은 무엇인가? |

| 71 | 본인은 어떤 공무원이 되고 싶은가? |

| 12 | **경찰직 면접 질문** |

| 01 | 경찰관에게 필요한 자질은 무엇인가? |

02   경찰관은 높은 청렴성과 도덕성을 요구하고 있다. 왜 그런가?

03   가장 기억에 남는 봉사활동과 느낀 점은?

04	살면서 가장 힘들었던 경험과 느낀 점은?

05	스트레스 해소 방안은?

06	경찰에게 중요한 덕목은 무엇이라고 생각하고, 자신이 중요하다고 생각한 덕목은?

07 경찰에 합격하게 된다면 1년, 3년, 5년 후 어떤 자세로 공직생활에 임할 것인가?

08 경찰의 청렴도가 낮게 평가되고 있는데 국민의 신뢰를 회복하기 위한 방안은?

09 리더십을 발휘한 경험이 있는가?

10	다른 사람과 차별화된 나의 강점은 무엇인가?

11	남에게 상처를 줬던 경험이 있는가?

PART 3

공무원 면접, 국가직·지방직 예상 질문

12	비트코인 경찰 규제에 어떻게 생각하는가?

13 단체생활 중 가장 잘 할 수 있는 것은?

14 모르는 사람을 위해 친절을 베푼 경험이 있는가?

15 본인이 생각하는 양심이란?

16 법을 위반하거나 양심에 자책을 느낄만한 일을 한 경험이 있는가?

17 다문화가정 폭력 사건이 발생했는데 자신이 담당 경찰관이라면 어떻게 대응하겠습니까?

18 같이 범인을 검거하였는데, 나는 승진에서 제외되었지만 상대방은 승진한 경우는?

19 각 지방청에서 진행하는 정책 2~3가지는?

20 외국인 유입이 증가하면서 범죄도 늘어가고 있다. 외국인 범죄 예방 대책에 대해 말해보세요.

21 경찰 공무원과 일반 공무원이 다른 점은?

22 본인이 존경하는 인물과 그 이유는?

23 본인이 생각하는 정의란?

24 공평과 형평의 차이는?

| 25 | 주민들과 소통을 늘릴 수 있는 3가지 방법은? |

| 26 | 치안 서비스를 제공하는 경찰로서 자신은 무엇을 어떻게 제공할 것인가? |

| 27 | 희망하는 부서가 있는지? |

28	고령자 운전 금지에 대한 자신의 생각은?

29	의경 생활을 하면서 느낀 점 중 현재 경찰의 미비점이나 아쉬웠던 점은?

30	불법 촬영 범죄 유형 및 개선방안에 대해 말해주세요.

PART
3

공무원 면접 · 국가직 · 지방직 예상 질문

31 자신이 생각하는 리더십이란?

32 경찰 조직에서 협동심을 발휘하기 위해 필요한 덕목은?

33 경찰의 이미지 제고를 위해 하고 싶은 일이나 정책은?

34 공권력과 인권에 대한 본인의 생각은?

35 교대 근무 시 매번 늦게 오는 상사가 있다면 어떻게 하시겠습니까?

36 불심검문에 대해 아는 대로 말해보고, 개선점은 무엇이라고 생각하는가?

| 37 | 면접시험장에 가는데 시간이 1분밖에 남지 않았다. 횡단보도는 빨간불인데 무단 횡단하겠는가? 하지 않겠는가? |

| 38 | 명절 때 시골 지구대로 마을 주민들이 소액의 돈을 줬다. 안 받으면 혼자 융통성이 없다고 혼날 것 같은데 어떻게 하겠는가? |

| 39 | 일, 명예, 돈 셋 중에 한 가지를 선택한다면? |

| 40 | 아동폭력 범죄로 신고가 들어왔고 출동한 상황이다. 어떻게 할 것인가? |

| 41 | 사회적 약자의 정의란? |

| 42 | 시민이 물에 빠졌는데, 자신은 수영을 못하고 주변에 도움을 줄 사람이 없고, 또 주변에 도와줄 사람이 없는 경우는? |

| 43 | 최근 경찰 관련 신문 기사를 읽은 것이 있나요? |

| 44 | 김영란법이란? |

| 45 | 윤창호법이란? |

46 최근 읽었던 기사 중 기억에 남는 것은?

47 막무가내 민원인에 어떻게 대처할 것인가?

48 지구대에 고맙다고 음료수를 사가지고 오신 할머니, 어떻게 하겠습니까?

49 교대시간 30분을 남기고 강력 범죄가 발생했다. 팀장은 우리가 하자고 하지만, 동료는 다음 조에 인계하자고 하는데 어떻게 하시겠습니까?

50 교통지도단속 중에 지인이 걸린 경우 어떻게 하시겠습니까?

51 신고를 받고 신속하게 출동하던 중, 길에 쓰러진 할머니를 봤다. 어떻게 하시겠습니까?

| 52 | 본인은 어떤 경찰 공무원이 되고 싶은가? |

| 53 | 동료 경찰이 뇌물을 받는 현장을 목격한 경우 어떻게 하시겠습니까? |

| 54 | 상사가 사적인 일을 시킨다. 어떻게 하시겠습니까? |

55 주취자가 욕설을 하고 폭행을 해서 업무적으로 스트레스와 경찰로서 회의감이 든다면?

56 경찰의 입직 경로가 다양한 것에 대해 어떻게 생각하는지?

57 본인이 생각하는 갑질의 정의와 그 기준은?

58	동료들과 신뢰도를 쌓을 수 있는 방안은?

59	경찰에 대해서 1분간 홍보해보세요.

60	남을 위해 희생했던 경험이 있는가?

PART 3

공무원 면접, 국가직·지방직 예상 질문

61 연고지가 아닌데, 우리 청에 지원하게 된 계기는?

62 공정하게 행동해서 득이나 실을 본 경험은?

63 본인의 단점을 어떻게 극복했는가?

64	군인과 경찰의 차이점은?

65	조직에 잘 적응하지 못하는 동료가 있다면?

66	상사와 일할 때 가장 중요한 것은 무엇이라고 생각하는가?

67	최근 데이트 폭력이 증가하는 원인과 경찰이 할 수 있는 해결 방안은?

68	경찰관들이 음주운전을 하는 경우가 있다. 어떻게 생각하는가?

69	학교 폭력의 초동조치에 대하여 설명하시오.

| 70 | 청소년 무면허사고가 많아지는데, 거기에 대한 생각은? |

| 71 | 형사 미성년자 연령 하향 조정에 대한 지원자의 생각은? |

PART
3

공무원 면접. 국가직 · 지방직 예상 질문

| 72 | 자치 경찰에 대한 지원자의 생각은? |

73   경찰 조직의 문제점과 해결방안은?

74   암행 순찰차에 대한 지원자의 견해는?

5분 스피치 · 자기기술서 예상문제 답변 작성해보기

5분 스피치

응시번호   성명

※주의사항 : 다음 내용을 읽고 10분간 준비한 뒤 면접위원 앞에서 5분간 발표하십시오.
                발표 후 질문지는 반드시 반납하십시오.

〈 문제 〉

4차 산업혁명 시대에 공직 사회도 개혁이 필요하다는 의견이 나오고 있다.
4차 산업혁명 시대의 공직사회는 어떠한 개혁을 준비해야 하는가? 그리고 지원자는
공무원으로서 어떠한 자기계발로 4차 산업혁명 시대를 준비할 것인가? 지원자의 생각
을 자유롭게 정리하여 5분간 발표하시오.

5분 스피치

응시번호 ⬚⬚⬚⬚⬚⬚⬚⬚⬚⬚   성명 ⬚⬚⬚⬚⬚⬚⬚⬚⬚⬚

※주의사항 : 다음 내용을 읽고 10분간 준비한 뒤 면접위원 앞에서 5분간 발표하십시오.
　　　　　발표 후 질문지는 반드시 반납하십시오.

〈 문제 〉

국가의 근본은 국민이다. 초고령화 시대 진입을 눈앞에 두고, 미래 인구의 감소가 예측된다. 국가시책으로 저출산 극복을 외치지만 실상 효과는 미비한 상태이다. 현 문제에 대한 원인과 이에 대한 대책을 정리하여 발표하시오.

5분 스피치

응시번호 [   ]   성명 [   ]

※주의사항 : 다음 내용을 읽고 10분간 준비한 뒤 면접위원 앞에서 5분간 발표하십시오.
　　　　　발표 후 질문지는 반드시 반납하십시오.

〈 문제 〉

중국 어선이 우리 지경을 경미하게 침범하였다.

이를 장군과 아전들이 보았지만, 상부에 보고를 안했다.

나중에 침범 사실이 심해지자 그제서야 보고를 한 '눈 가리고 아웅 하는 상황'에서

장군과 아전에게 필요한 공직 가치를 작성하고,

이런 경우 본인이라면 어떻게 하겠는지 발표하시오.

5분 스피치

※주의사항 : 다음 내용을 읽고 10분간 준비한 뒤 면접위원 앞에서 5분간 발표하십시오.
발표 후 질문지는 반드시 반납하십시오.

〈 문제 〉

다음 제시문은 스모키 린의 '소방관의 기도' 중 일부를 발췌한 것이다.
다음 제시문에서 할 수 있는 공직가치와 이를 실현하기 위한 공직가치의 자세에 대해
자유롭게 발표하시오.

신이시여. 제가 부름을 받을 때에는 아무리 뜨거운 화염 속에서도
한 생명을 구할 수 있는 힘을 주소서.
너무 늦기 전에 어린아이를 감싸 안을 수 있게 하시고,
공포에 떠는 노인을 구하게 하소서.
언제나 집중하여 가냘픈 외침까지도 들을 수 있게 하시고,
빠르고 효율적으로 화재를 진압하게 하소서.
저의 임무를 충실히 수행케 하시고, 제가 최선을 다할 수 있게 하시어,
이웃의 생명과 재산을 보호하게 하소서.

5분 스피치

응시번호 [   ]   성명 [   ]

※주의사항 : 다음 내용을 읽고 10분간 준비한 뒤 면접위원 앞에서 5분간 발표하십시오.
　　　　　발표 후 질문지는 반드시 반납하십시오.

〈 문제 〉

세종대왕이 세법 개정을 위해 전국 17만 명에 여론 조사한 결과,

찬성이 반대보다 2만 명 더 많았음에도 시행까지 오랜 시간이 걸렸다.

여기에서 유추할 수 있는 공직 가치의 자세에 대해 자유롭게 발표하시오.

5분 스피치

응시번호 〔　　　　　　　　〕　　　　　성명 〔　　　　　　　　〕

※주의사항 : 다음 내용을 읽고 10분간 준비한 뒤 면접위원 앞에서 5분간 발표하십시오.
　　　　　　발표 후 질문지는 반드시 반납하십시오.

〈 문제 〉

전통시장 활성화 방안 아이디어를 발표하시오.

5분 스피치

응시번호 ⬭⬭   성명 ⬭⬭⬭

※주의사항 : 다음 내용을 읽고 10분간 준비한 뒤 면접위원 앞에서 5분간 발표하십시오.
　　　　　발표 후 질문지는 반드시 반납하십시오.

〈 문제 〉

공직가치 중 중요하다고 생각하는 3가지와 면접자의 부족한 공직가치를 발표하시오.

5분 스피치

응시번호 　　　　　　　　　　　　성명 　　　　　　　　　　

〈 문제 〉

공무원이 되면 가장 맡아보고 싶은 업무 또는 해보고 싶은 업무는?

그리고 어떤 공무원이 되고 싶은지 발표하시오.

5분 스피치

※주의사항 : 다음 내용을 읽고 10분간 준비한 뒤 면접위원 앞에서 5분간 발표하십시오.
　　　　　　발표 후 질문지는 반드시 반납하십시오.

〈 문제 〉

라면 형제와 같은 사건처럼 복지 사각지대의 원인과 사례 해결방안에 대해 발표하
시오.

5분 스피치

※주의사항 : 다음 내용을 읽고 10분간 준비한 뒤 면접위원 앞에서 5분간 발표하십시오.
　　　　　　발표 후 질문지는 반드시 반납하십시오.

〈 문제 〉

대한민국을 방문하는 외국인에게 가장 소개해 주고 싶은 곳을 발표하시오.

5분 스피치

※주의사항 : 다음 내용을 읽고 10분간 준비한 뒤 면접위원 앞에서 5분간 발표하십시오.
                발표 후 질문지는 반드시 반납하십시오.

〈 문제 〉

청소년 자살률 증가에 대한 견해 및 예방 방법을 발표하시오.

PART 3

공무원 면접 · 국가직 · 지방직 예상 질문

5분 스피치

응시번호 ▢▢▢▢▢▢▢▢▢   성명 ▢▢▢▢▢▢▢▢▢

※주의사항 : 다음 내용을 읽고 10분간 준비한 뒤 면접위원 앞에서 5분간 발표하십시오.
　　　　　 발표 후 질문지는 반드시 반납하십시오.

〈 문제 〉

최저임금 상승이 소상공인에게 미치는 영향과 대응 방안을 발표하시오.

5분 스피치

※주의사항 : 다음 내용을 읽고 10분간 준비한 뒤 면접위원 앞에서 5분간 발표하십시오.
　　　　　　발표 후 질문지는 반드시 반납하십시오.

〈 문제 〉

노인 기준 연령 상향 조정에 대해 본인의 생각을 발표하시오.

PART
3

공무원 면접, 국가직·지방직 예상 질문

5분 스피치

응시번호 [   ]   성명 [   ]

※주의사항 : 다음 내용을 읽고 10분간 준비한 뒤 면접위원 앞에서 5분간 발표하십시오.
           발표 후 질문지는 반드시 반납하십시오.

〈 문제 〉

청소년들의 무면허 운전 사고율이 증가하고 있다. 어떻게 해결하면 좋을지 발표하
시오.

5분 스피치

※주의사항 : 다음 내용을 읽고 10분간 준비한 뒤 면접위원 앞에서 5분간 발표하십시오.
　　　　　　발표 후 질문지는 반드시 반납하십시오.

〈 문제 〉

공무원이 갖춰야 할 덕목 3가지에 대해 발표하시오.

5분 스피치

※주의사항 : 다음 내용을 읽고 10분간 준비한 뒤 면접위원 앞에서 5분간 발표하십시오.
　　　　　　발표 후 질문지는 반드시 반납하십시오.

〈 문제 〉

공직사회의 부정부패의 원인 및 청렴도를 높이기 위한 해결방안을 발표하시오.

5분 스피치

응시번호   성명

※주의사항 : 다음 내용을 읽고 10분간 준비한 뒤 면접위원 앞에서 5분간 발표하십시오.
발표 후 질문지는 반드시 반납하십시오.

〈 문제 〉

정부와 국민이 소통하기 위해 공무원에게 필요한 자세를 발표하시오.

5분 스피치

응시번호 [   ]   성명 [   ]

〈 문제 〉

정약용의 목민심서 : "목은 민을 위해 존재한다."

다산 정약용은 그의 저서 목민심서에서 목민관이 갖춰야 할 덕목으로 자신을 다스리는 율기, 공공에 봉사하는 봉공, 백성을 사랑하는 애민의 정신을 갖춰야 한다고 기술하였다. 지원자는 공직자로서 '율기', '봉공', '애민'의 세 가지 정신을 각각 지금까지 어떻게 실천해왔고, 앞으로 어떻게 발전시켜 나갈 것인지를 생각을 정리하여 발표하시오.

5분 스피치

※주의사항 : 다음 내용을 읽고 10분간 준비한 뒤 면접위원 앞에서 5분간 발표하십시오.
　　　　　　발표 후 질문지는 반드시 반납하십시오.

〈 문제 〉

직장 내 업무상 스트레스를 관리하기 위한 개인적, 제도적 방안을 발표하시오.

5분 스피치

응시번호 [   ]   성명 [   ]

※주의사항 : 다음 내용을 읽고 10분간 준비한 뒤 면접위원 앞에서 5분간 발표하십시오.
　　　　　 발표 후 질문지는 반드시 반납하십시오.

〈 문제 〉

코로나19를 대비하기 위한 공직자의 자세와 노력 방법을 발표하시오.

국가직 9급 선발 면접시험 응시자 자기기술서 (연습)

직렬 ⬤⬤⬤⬤⬤⬤   응시번호 ⬤⬤⬤⬤⬤⬤   성명 ⬤⬤⬤⬤⬤⬤

공무원 지원 동기와 국가 공무원이 되어 어떤 공무원이 되고 싶은가?

학교폭력, 장애인, 노약자 등이 어려움에 처한 상황에서 도와준 경험에 대해 기술하시오.

국가직 9급 선발 면접시험 응시자 자기기술서 (연습)

직렬 〔　　　　　〕　　응시번호 〔　　　　　〕　　성명 〔　　　　　〕

> 타인을 위한 행동이 자신에게 이득이 되었던 경험에 대해 기술하시오.

> 당신은 구청의 주무관이다. 업무 중 친해진 A 할머니가 있는데, 말씀을 들어드리고 할머니를 도와드리게 되면서 당신을 자식처럼 좋아하게 되셨다. 말벗이 없던 할머니는 업무 시간에 종종 찾아오셨고, 그런 일이 자주 반복되다 보니 업무에도 지장이 생길 때도 있다. 또한 할머니가 문을 열고 들어오면 사무실 동료들의 분위기도 이상해지는 느낌도 드는데, 어떻게 대처하겠는가?

국가직 9급 선발 면접시험 응시자 자기기술서 (연습)

직렬 ⬤⬤⬤⬤⬤   응시번호 ⬤⬤⬤⬤⬤   성명 ⬤⬤⬤⬤

개인 혹은 집단 사이에 갈등을 중재하거나 해결한 경험에 대해 기술하시오.

당신은 주민센터 민원서류를 발급하는 담당 주무관입니다. 바깥 날씨가 영하 2도인데, 실내는 정부 규정(18도~20도)에 맞게 실내 온도를 19.2도로 유지하고 있습니다. 서류를 떼러 온 민원인 1(할머니)이 들어와 날씨가 춥다고 온풍기를 더 틀어달라고 요청합니다. 다른 민원인 2(40대 남성)은 덥다며 온풍기를 꺼달라고 요구합니다. 그래서 두 민원인이 서로 고성과 육두문자로 싸움이 벌어졌습니다. 때마침 전산장애로 민원서류 발급이 정상화되는 데 1시간 정도 걸릴 것으로 예상됩니다. 이런 상황에서 어떻게 대응하겠는가?

국가직 9급 선발 면접시험 응시자 자기기술서 (연습)

직렬 응시번호 성명

업무 스타일이 다르거나 나와 맞지 않은 사람과 협력하여 일을 해야 했던 경험에 대해 기술하시오.

당신은 신임 주무관으로서 공직 업무를 수행하기 위해 기안을 여러 차례 작성 후 제출하였는데, 항상 상급자가 제대로 보지도 않고 승인해 주지 않는다면, 어떻게 이 문제를 해결할 것인가?

국가직 9급 선발 면접시험 응시자 자기기술서 (연습)

직렬 [   ]   응시번호 [   ]   성명 [   ]

대화하기 어려운 상대를 본인만의 방법으로 설득하거나 합리적인 조정을 한 경험을 기술하시오.

상사와 휴가 일정이 겹칠 경우, 한 사람만 갈 수 있다면 어떻게 하시겠습니까?

국가직 9급 선발 면접시험 응시자 자기기술서 (연습)

직렬 〔　　　　　　〕　　응시번호 〔　　　　　　〕　　성명 〔　　　　　　〕

자신이 문제 발생을 예견하고 자신의 영향력을 발휘하여 긍정적 결과를 끌어낸 경험을 기술하시오.

공무원이 된 후 업무량이 많아 주말에 출근해야 한다면 어떻게 하시겠습니까?

국가직 9급 선발 면접시험 응시자 자기기술서 (연습)

직렬 ⬤⬤⬤⬤⬤⬤⬤⬤　　응시번호 ⬤⬤⬤⬤⬤⬤⬤⬤　　성명 ⬤⬤⬤⬤⬤⬤⬤⬤

집단으로 문제를 해결하거나 성과를 낸 경험을 기술하시오.

부서에 10명의 주무관들이 있지만, 제대로 일을 하지 않는다. 이러한 경우 본인은 팀원들의 불성실한 업무태도를 상관에게 보고할 것인가, 아니면 힘들고 고되더라도 묵묵히 자신이 모든 업무를 처리할 것인가?

국가직 9급 선발 면접시험 응시자 자기기술서 (연습)

직렬 `_____`   응시번호 `_____`   성명 `_____`

상대방의 의견을 수용해 과제를 수행한 경험에 대해 기술하시오.

일과 가정의 양립이 가능할까? 일 가정 양립을 위한 아이디어가 있다면 기술하시오.

국가직 9급 선발 면접시험 응시자 자기기술서 (연습)

직렬 ⬤⬤⬤⬤⬤⬤   응시번호 ⬤⬤⬤⬤⬤⬤⬤   성명 ⬤⬤⬤⬤⬤⬤

> 자신도 힘든 상황임에도 불구하고 다른 사람을 도운 경험에 대해 기술하시오.

> 본인이 임용 후 첫 임무를 맡게 되었는데, 알고 보니 전임자들이 여러 번 실패한 프로젝트였다. 이러한 프로젝트를 다시 실시하게 된 당신은 어떻게 이 상황을 극복할 것인가?

공무원 면접, 국가직 · 지방직 예상 질문

국가직 9급 선발 면접시험 응시자 자기기술서 (연습)

직렬 ⬤⬤⬤⬤⬤⬤ 응시번호 ⬤⬤⬤⬤⬤⬤ 성명 ⬤⬤⬤⬤⬤⬤

자신이 생각하는 바람직한 공무원상 세 가지를 적고, 그렇게 되기 위해 자신이 노력한 바를 기술하시오.

상사의 지시로 A 안과 B 안을 검토하게 되었다. 검토 결과 B 안이 더 좋다고 판단되었다. 그러나 상사는 무조건 A 안으로 진행하라고 한다. 이때 어떻게 의견을 제시할 것이며 어떻게 행동할 것인가?

국가직 9급 선발 면접시험 응시자 자기기술서 (연습)

직렬 [   ]   응시번호 [   ]   성명 [   ]

꼼꼼함과 치밀함으로 실수를 모면한 경험에 대해 기술하시오.

당신은 교육 지원 프로그램 예산 담당 주무관이다. 본인이 속한 부서에서는 능력이 뛰어난 학생을 위한 교육 프로그램과 사회, 경제적으로 불안한 여건에 있는 학생들을 위한 교육 프로그램을 운영하고 있다. 이때 정부의 지원을 받게 되어 한 가지 프로그램에 더 많은 재정 지원을 하려고 한다. 어떤 프로그램에 지원하는 쪽이 보다 합당한가?

국가직 9급 선발 면접시험 응시자 자기기술서 (연습)

직렬 ⬤⬤⬤⬤⬤⬤   응시번호 ⬤⬤⬤⬤⬤⬤   성명 ⬤⬤⬤⬤⬤⬤

미래사회에서 공직가치 중 어떤 것이 중요해질 가치라고 생각하는가? 이를 위하여 공무원으로서 어떤 자세가 필요한가?

공직에 입직한 후 적응에 어려움을 가지고 있을 때 A 주무관은 많은 도움을 주었다. 하지만 A 주무관이 납품업체로부터 금품(뇌물)을 받는 것을 목격하였을 때 본인은 어떻게 행동할 것인지 서술하시오.

국가직 9급 선발 면접시험 응시자 자기기술서 (연습)

직렬 ⬭ 응시번호 ⬭ 성명 ⬭

새로운 일에 익숙하지 않은 사람에게 빠른 적응을 위하여 노력한 경험에 대해 기술하시오.

평소 평일에도 야근하며 주말에도 업무를 해서 휴가를 제대로 가지 못한 상황이다. 큰 업무를 처리하고 유럽여행을 계획 중인데 취소 시 비행기, 숙박에 대한 위약금이 발생한다. 문제는 휴가를 준비하는 중 갑자기 감사업무가 발생해 본인이 꼭 필요한 상황이다. 당신이라면 어떻게 하겠는가?

합격수기

국가직 공무원 면접 합격 인터뷰 01

자기소개

안녕하세요! 저는 김수진 선생님에게 면접 수업을 받은 2020 지역 인재 9급 임업직 합격생 이찬비입니다!

면접 준비를 어떻게 했나요?

합격자 발표 후 면접까지 한 달 반 정도의 준비 기간이 있었습니다. 저는 그중 3주 정도를 혼자 준비하는 시간을 가졌고, 이후 부족함을 느껴 김수진 강사님을 만나게 되었습니다. 초반 제가 혼자 면접 준비를 할 때는 합격생 선배들이 작성해 준 면접 질문지를 가지고 혼자 답변을 하는 시간을 가졌습니다. 이후 수진 선생님께서 이끌어주시는 대로 개인발표와 자기기술서, 그리고 기본적인 자기소개를 체계적으로 준비했습니다.

면접 준비에 들인 기간은?

저는 한 달 반 정도의 기간을 준비했습니다. 필기 합격 후 면접장에 들어가기 5분 전까지 준비했다고 보시면 될 것 같습니다.

면접 준비에 있어 혼자 하기 힘든 점은?

앞서 말씀드린 것처럼 저는 초반에 혼자 준비하는 기간을 가졌기 때문에 이 부분에 대해서 잘 말씀드릴 수 있을 것 같습니다. 제가 혼자 준비하면서 느꼈던 감정은 "답답하다."였습니다. 내가 과연 준비를 잘하고 있는 것인지, 도대체 질문은 어떤 것들이 나오는 것인지, 과거에 나왔던 질문들이 다시 나올 수 있는 것인지, 저는 공무원 9급 면접 합격 수기를 몇 백 개를 봤다고 할 정도로 정말 많이 찾아봤었지만, 궁극적으로 제가 얻을 수 있는 것은 없었습니다. 합격 수기를 읽을수록 돌아오는 건 불안감뿐이었습니다. 물론, 혼자서도 준비하겠다는 마음을 가지실 수도 있습니다. 저 또한 그랬으니까요. 하지만 혼자 준비하면 면접에 대해 안일하게 생각하게 된다는 것이 가장 큰 단점입니다. 면접은 시대에 따른 트렌드도 있고, 기본적으로 숙지해야 하는 공식이 있다고 생각합니다. 특히 저는 수진 선생님을 만나기 전에는 공직 가치를 숙지해야 한다는 것조차 알지 못했습니다. 면접은 나를 30분도 안 되는 짧은 시간 동안 보여줘야 하는 무대라고 생각합니다. 나라는 사람을 후회 없이 잘 보여줄 수 있도록 혼자 준비하는 것이 아닌 다른 방향을 많이 살펴보시면 좋겠습니다.

'이것만큼은 꼭 준비하고 가'라고 당부해 주고 싶은 것이 있나요?

"솔직함"을 가지고 가시면 좋겠습니다. 합격하고 싶다고 해보지 않은 것을 해봤다고 하거나, 알고 있지 않은 것을 알고 있다고 하거나, 이러한 것들은 면접장에서 바로 들통나는 거짓말입니다. 기본적으로 솔직함을 가지시고 모르는 것에 두려움을 가지지 않으셨으면 좋겠습니다. 저 또한 면접장에서 저의 전공에 대한 질문을 하셨을 때 솔직히 기억이 나지 않는다고 답변하고 그 부분에 대해서 불안해했지만 결국 합격하였습니다. 이를 통해 면접의 당락은 한 가지의 질문으로 결정되는 것이 아니라고 알게 되었습니다. 나를 거짓으로 꾸미려 하지 마세요!

5분 스피치 면접 준비 방법을 알려주세요.

저는 김수진 선생님께서 뽑아주신 개인발표 질문지에 첫째, ~ 둘째, ~ 셋째, ~ 이런 식으로 큰 틀을 잡고 질문지에는 간략하게 키워드 느낌으로 몇 줄씩만 작성을 하고 내가 말을 하면서 살을 붙이는 방식으로 하였습니다. 실제 면접장에서는 거의 종이를 보지 못합니다. 정말 기억이 나지 않았을 경우에만 재빨리 보고 넘겨야 하기 때문에 면접관분들이 보시는 용도로 작성하시면 좋을 것 같습니다.

개별 면접 과제 준비 방법을 알려주세요.

자기기술서는 본인의 경험이 들어가면 가장 좋은 것 같습니다. 먼저 질문의 목적을 살피고 상황형, 경험형, 진행형의 형태로 나누고 그에 따른 머리말을 정해놓고 짧게 몇 줄 적었습니다. 처음에는 문장이 길어지고 많이 힘들었지만, 선생님과 함께 최대한 간략하고 꽉 찬 내용을 전달하려고 노력했습니다.

면접 전날 컨디션은 어떻게 관리했나요?

저는 면접장과 먼 지방에 살고 있기 때문에 전날 면접장 주변의 호텔에 묵으면서 하루 종일 어머니와 함께 모의면접을 하였습니다. 그리고 긴장한 상태에서 급체를 할 수도 있기 때문에 최대한 따뜻한 음식을 먹었습니다. 참고로 저는 부모님께서 필기 때도 그렇고 한약을 지어주셔서 심리적으로 큰 도움이 되었습니다. 본인이 긴장을 많이 하신다면 참고하셔도 좋을 것 같습니다.

부록

면접장 분위기는요?

코로나 때문에 더더욱 엄숙한 분위기였습니다. 선배들의 이야기로는 면접 대기실에서 서로 안면 트기도 했다는 이야기를 들었지만 저희는 조용한 각자의 준비에 매진했었습니다. 특히 뒤 번호를 받을수록 대기시간이 길어지는데, 자기기술서를 작성하는 순간부터 가져간 참고 자료를 보지 못하게 하기 때문에 자기기술서 제출 후 질문을 계속 숙지하시고, 중요한 공직가치나, 적극행정과 같은 것을 끊임없이 외우시면 좋겠습니다. 특히 면접장에 들어가서 면접관분들을 보는 순간 긴장이 엄청 몰려오기 때문에 스스로 긴장을 풀어주시고 침착하게 답변하시면 좋겠습니다. 그리고 처음에 긴장해도 점차 긴장이 풀리고 역량을 발휘하실 수 있을 겁니다. 걱정 마세요.

공무원 면접 필기와 면접은 몇 배수였나요?

저는 임업직으로 소수 직렬이었기 때문에 2020년에는 7명의 합격자가 예정되었습니다. 필기 때는 4.4의 경쟁률이었고, 면접 때는 9명이 응시하여 1.3의 경쟁률이지만, 두 명을 거르기 위한 면접이었기 때문에 다른 직렬보다 더 치열했다고 말씀드릴 수 있을 것 같습니다.

합격을 위한 면접의 중요성은 어느 정도라고 생각하나요?

저는 면접이 필기 점수와 상관없이 중요하다고 생각합니다. 필기와 같은 중요성이라고 생각하시면 좋겠습니다. 저는 필기 점수가 높지만, 안심하지 않고 면접에 매진했습니다. 결국 합격하기 위해서는 면접을 잘 봐야 할 수 있습니다. 이렇게 생각하시면 쉽지 않을까요? 필기 합격 후에는 필기는 잊고 0에서 시작한다는 마음으로 준비하시면 좋은 결과가 기다릴 것이라 생각합니다.

면접 준비 전과 후, 가장 달라진 점은?

'내가 어떤 공무원이 되고 싶은 것인가?'를 체계적으로 생각할 수 있는 기회였습니다. 때문에 저의 마음가짐이 많이 달라졌다고 말할 수 있습니다. 면접 과정에서 나라는 사람에 대해 깊게 고민해 볼 수 있었고, 공직자로서의 의무와 자부심 또한 얻을 수 있었습니다. 면접은 공직자가 되기 전 나의 방향을 잡는 좋은 기회라고 생각됩니다.

'김수진 강사'에게 배워서 좋았던 점은?

김수진 선생님은 참 열정적이고 따뜻한 분이라고 생각합니다. 면접 학원을 다녀도 결국 합격에 좌우되는 것은 다른 이가 아니라 저의 인생이었습니다. 하지만 수진 선생님은 정말 수강생을 위해서 많은 고민을 하시고 합격을 위해 함께하는 모습이 마치 제가 망망대해를 혼자 달리는 것이 아니라 함께 달려가는 파트너가 있다는 느낌이 들었습니다. 이 기회를 빌려 가장 힘들고 지칠 때 든든하게 도움을 주신 수진 선생님께 감사하다는 말씀을 드리고 싶습니다.

국가직 공무원 면접 합격 인터뷰 02

자기소개

안녕하세요. 저는 지역 인재 9급 일반행정 전형에 합격한 임가은입니다.

면접 준비를 어떻게 했나요?

저는 혼자서 준비하려고 하니 면접에 대한 정보가 부족하고 감이 잡히지 않았습니다. 그래서 면접 전문 강사이신 김수진 선생님의 도움이 필요하다고 생각했습니다.

면접 준비에 들인 기간은?

저는 한 달 정도 준비했어요. 면접도 필기와 만만치 않게 준비할 것이 많아서 필기시험 결과가 나오고 바로 면접을 준비하셨으면 좋겠어요.

면접 준비에 있어 혼자 하기 힘든 점은?

저는 면접을 준비하면서 말하는 연습은 주변의 도움이 필요하다고 느꼈어요. 답변의 내용보다는 자신감 있게 말하는 것이 중요하다고 생각하기 때문에 김수진 강사님뿐만 아니라 면접 스터디를 통해 서로 피드백을 주고받으면서 자연스럽게 말하는 방법을 배우는 것이 좋을 것 같아요.

'이것만큼은 꼭 준비하고 가!'라고 당부해 주고 싶은 것이 있나요?

희망 부처에서 시행하고 있는 정책들은 반드시 숙지하셨으면 좋겠어요. 저는 면접관님께서 제가 관심 있는 정책에 관해 설명하고 주변에 그 정책을 직접 사용하고 있는 사례가 있는지 말해보라고 하셨어요. 그때 준비한 내용을 말씀드리니까 웃으시면서 감사하다고 하신 게 기억나요. 무엇보다 희망 부처에 대한 관심을 보여드리는 게 중요한 것 같아요.

5분 스피치 면접 준비 방법을 알려주세요.

시사형은 주제별로 원인과 해결 방법, 사례, 해결하는 데 필요한 공무원의 자세와 다짐을 정리해서 숙지 했어요. 또 유튜브 뉴스 채널을 구독해서 매일 주요 뉴스들을 훑어보았습니다.
공직관은 평소 공직 가치별 사례를 희망 부처와 저의 경험으로 각각 2가지씩 암기했어요. 꼭 공직관이 스피치 주제로 나오지 않더라도 면접에서 답변할 때도 활용할 수 있어서 꼭 숙지하셨으면 좋겠어요.

부록

개별 면접 과제 준비 방법을 알려주세요.

저는 실전처럼 매일 자기기술서 예상 문제를 2개씩 연습했어요. 타이머를 사용해서 12분 안에 작성하고 8분 동안 말하는 연습을 했습니다. 그리고 답변하는 모습을 영상으로 찍어서 부족한 점을 확인하고 보완했어요. 덕분에 실전에서 시간을 많이 단축할 수 있었습니다.

면접 전날 컨디션은 어떻게 관리했나요?

면접 전날은 늦게까지 준비하기보다는 컨디션 관리를 위해 평소보다 2시간 정도 일찍 잠자리에 들었어요. 긴장되어서 잠이 들기 어렵기도 하고 무엇보다 아침에 목이 잠기지 않게 하도록 잠을 충분히 자려고 했습니다.

면접장 분위기는요?

각자 준비 자료를 보느라 조용했어요. 다른 분들의 수기를 보면 옆자리 분들과 이야기를 하기도 했다는데 제가 면접을 본 시기는 코로나 때문에 한 칸씩 띄어 앉았기 때문에 더 조용했던 것 같아요.

공무원 면접 필기와 면접은 몇 배수였나요?

제가 응시한 지역 인재 9급 전형은 1.2배수로 뽑았던 것 같아요.

합격을 위한 면접의 중요성은 어느 정도라고 생각하나요?

필기시험만큼 중요하다고 생각해요. 필기 성적이 좋더라도 면접에서 미흡을 받고 불합격할 수 있고, 반대로 필기 성적이 낮더라도 우수를 받아 합격할 수 있기 때문이에요. 절대로 대충 준비해서는 안 된다고 생각합니다.

면접 준비 전과 후, 가장 달라진 점은?

면접을 준비하며 무엇보다 말하는 방법이 가장 달라졌어요. 면접 때뿐만 아니라 평소에도 조리 있게 말할 수 있게 되었습니다.

'김수진 강사'에게 배워서 좋았던 점은?

무엇보다 공무원 면접으로 유명하신 강사님이라 믿을 수 있었어요. 특히 모의 면접을 할 때 카메라로 영상을 녹화하는 것이 저의 모습을 객관적으로 볼 수 있어서 많은 도움이 되었고, 어떻게 답변을 해야 할지 모를 때 강사님이 방향을 설정해 주셔서 감을 잡을 수 있었습니다.

국가직 공무원 면접 합격 인터뷰 03

안녕하세요. 이번에 국가직 공무원(우정직)에 합격했습니다.

먼저 지도해 주신 김수진 선생님 감사의 인사를 드립니다.
저는 1번 면접에서 탈락한 이후, 많은 자신감을 잃고 이번에는 꼭 합격하고 싶다는 생각을 하였습니다.
그래서 친한 친구(우정직), 친동생(교정직) 수업을 김수진 강사님과 함께 수업해서 합격했다는 입소문을
듣고 찾아오게 되었습니다.

처음부터 체계적으로 비디오 촬영을 해주시며, 마지막 피드백을 해주셨던 커리큘럼이 정말 좋았습니다.
왜 내가 불합격을 받았는지 이유를 알 것 같았습니다. 그래서 더 고치기 위해서 많은 노력을 했습니다.

입장부터 퇴장까지 모든 부분을 세세하게 코칭 해주시고, 비디오 촬영으로 몰랐던 자신의 표정을 알게
되었습니다. 그리고 연습 과정을 통해 점점 변화해 가는 자신의 모습을 보고 보람 있는 시간이었던 것
같습니다.

특히 5분 스피치는 정말 어려웠던 면접이었습니다. 평소 말하는 것을 두려워해서 '내가 과연 잘 할 수
있을까?'라는 생각을 많이 했습니다. 하지만, 김수진 강사님이 할 수 있다며 자신감을 키워주셨습니다.
또, 셀프 동영상을 촬영해서 피드백을 매일매일 받을 수 있었습니다. 매일 적극적으로 피드백을 봐주시
는 선생님을 보고 감동받았고, 그 결과 저의 실력도 향상될 수 있었습니다. 또, 같이 준비했던 주변 스터
디원들도 깜짝 놀랄 정도로 변화가 커서 합격할 수 있었다고 생각합니다.
처음부터 김수진 강사님을 만났더라면 한 번에 합격할 수 있었을 텐데 정말 많이 아쉽습니다.

그래서 이번에 면접을 통해서 좋은 결과로 보답할 수 있어서 정말 감사드립니다.
김수진 강사님, 정말 감사합니다.
덕분에 합격했습니다.

부록

지방직 공무원 면접 합격 인터뷰 01

자기소개

2020년 광주 사회복지직 합격생 이형석입니다.

면접 준비를 어떻게 했나요?

저는 김수진 강사님과의 면접 수업과 사회복지직 공무원 인터넷 면접 강의를 병행하였습니다. 어떻게 준비할지 고민하다가 주변 지인의 추천으로 면접 개인 지도를 선택하였고 인터넷 강의 같은 경우에는 복지 직렬을 따로 분리해서 면접을 보다 보니 혹시 직렬에 따라 전문적인 자료 같은 게 있을까 하는 마음에 듣게 되었습니다.

면접 준비에 들인 기간은?

지방직 면접 대비 과정은 4주 과정과 혼자서 준비한 2주 총 6주가량 걸렸습니다.

면접 준비에 있어 혼자 하기 힘든 점은?

필기 공부처럼 답이 정해져 있는 분야가 아니다 보니 처음에 어떻게 준비를 해야 할지 방향 잡는 게 힘들었습니다.

'이것만큼은 꼭 준비하고 가!'라고 당부해 주고 싶은 것이 있나요?

마지막 수업 시간에 복장까지 제대로 갖추고 모의 면접을 하게 되실 텐데 할 수 있으면 1번으로 해보시는 걸 추천합니다. 저 같은 경우에는 모의 면접에서 첫 번째로 하게 되면서 당황했었는데 미리 겪고 나니 실제 면접에서도 순서상 맨 앞이었지만 크게 곤란함 없이 편안한 마음으로 볼 수 있었습니다.

5분 스피치 면접 준비 방법을 알려주세요.

5분 스피치는 없었습니다. 맨 처음에 자기소개랑 사회복지 공무원으로서 갖춰야 할 역량 물어봤던 거 같고 준비과정은 공통으로 사용할 수 있는 경험 3~4가지 정도 준비해서 어느 질문에든 답할 수 있게 준비했었습니다. 물론 김수진 강사님과 다 준비했던 질문이라서 쉽게 느껴졌습니다.

면접 전 날 컨디션은 어떻게 관리했나요?

평상시와 같은 패턴으로 유지하려고 노력했습니다.

면접장 분위기는요?

큰 강당 같은 곳에서 대기하다가 1조씩 준비해서 면접장으로 들어가는 방식이었습니다. 2020년도 면접은 마스크를 착용한 상태에서 앞에 면접관님과 저 사이에 투명 가림막까지 있어서 의사소통이 쉽지 않았습니다. 귀를 가림막에 가까이 대고 있어야 겨우 들릴 정도였습니다. 면접관 2분께서 돌아가시며 질문을 주셨는데 처음에는 가벼운 질문을 하며 대체로 면접자들을 편안하게 해주시려 노력하는 모습이었습니다.

공무원 면접 필기와 면접은 몇 배수였나요?

정확히는 기억나진 않지만, 필기는 상위권이었습니다.

합격을 위한 면접의 중요성은 어느 정도라고 생각하나요?

흔히들 필기만 잘 보면 된다고 많이 하는데 최종 발표가 나기 전까지 심리적 압박이 장난 아니기 때문에 공무원이 되기 위한 마지막 관문인 만큼 후회 없이 준비하시면 좋을 것 같습니다.

면접 준비 전과 후, 가장 달라진 점은?

그동안 공부에 집중하느라 사람들 앞에서 이야기한다는 자체가 힘들었는데 면접 준비를 통해서 부담 없이 자신감 있게 말하는 힘을 기를 수 있었습니다.

'김수진 강사'에게 배워서 좋았던 점은?

김수진 강사님은 수업에 정말 열정적이시고 질문에도 친절하고 자세하게 답해주십니다. 가장 좋았던 점은 매일 과제로 했던 셀프 영상 촬영입니다. 예상 질문에 대한 답을 스스로 휴대폰으로 촬영하고 이에 대한 피드백을 받으면서 고쳐나가는 과정에서 눈에 띄는 변화가 있어서 4주 동안 즐겁게 수업에 임할 수 있었습니다. 마지막으로 감사합니다.

부록

지방직 공무원 면접 합격 인터뷰 02

안녕하세요. 저는 전남(곡성) 일반행정 합격자입니다.

저는 전남 일반행정 필기를 합격하고도, 불안한 마음에 소방직 공무원 체력을 같이 병행했습니다. 면접을 잘 보지 못할 수 있다는 막연한 두려움 때문이었습니다.

하지만, 기본적으로 공무원 면접에 있어서 김수진 강사님이 잘 알려주셨습니다. 지방직은 그 지역에 대한 정보와 기본적인 부분을 숙지해야 하는데 많은 정보를 주셨습니다. 지역 예산 규모와 주요 현안사항, 지역 축제와 먹거리, 즐길 거리에 있어서 저도 찾지 못했던 부분을 언급해 주셔서 감사했습니다. 특히, 전남 지역 특성상 인구 절벽뿐만 아니라, 저출산 고령화 문제도 시급한데 그 부분에 대해서도 정책과 답변 정리에 많은 도움을 주셨습니다. 단지 스피치적인 부분뿐만 아니라 지방의 특색에 맞는 질문과 함께 기본 자료도 제공해 주셔서 혼자 공부하는 것보다 많은 도움이 되었습니다.

또, 전남 일반행정은 자기소개서 작성을 해야 했습니다. 처음 작성한 자기소개서(성장과정, 장단점, 지원 동기, 포부)를 제출 전까지 계속 수정해 주시고 피드백 해주신 결과 깔끔하게 서류도 제출할 수 있었습니다. 처음보다 글이 많이 다듬어지고 '전문가는 역시 다르구나.'라고 생각했습니다.

실제로 면접 질문에 있어서도 지역 현안에 대해 물어보는 질문이 많았을 뿐만 아니라 강사님과 한 질문에서 다 나왔습니다. 그래서 면접장에서도 홀가분하게 나올 수 있었다고 생각합니다. 저는 4년간 수험 공부를 하면서 이번이 정말 마지막이라는 생각으로 공무원 시험에 임하게 되었습니다. 여러분들도 끝까지 최선을 다해서 공부하시길 바랍니다. 누구보다 강사님은 열정적으로 많은 도움을 주셨고, 자신감을 많이 주셨습니다.

그냥 단순한 동기부여가 아니라, 저를 잘 이끌어주시고 마인드컨트롤에도 많은 도움을 주셨습니다. 정말 감사합니다.
무조건 공무원 면접은 김수진 강사입니다!

지방직 공무원 면접 합격 인터뷰 03

안녕하세요. 저는 전남 보건진료직 합격자입니다.

저는 친한 친구가 시설(건축) 직렬에 합격했다는 소식을 듣고 김수진 강사님을 찾아가게 되었습니다. 그 친구 역시 설계와 관련된 사기업에서 일을 하다가 공무원 시험을 준비하고 합격했습니다. 저 역시 간호사로 3년간 근무를 하면서 3교대 시스템이 체력적으로 힘들고, 부모님의 권유로 공무원을 생각하게 되었습니다. 간호직을 준비할까 하다가 보건진료직으로 시험을 보게 되었습니다.

간호사에서 공무원으로의 이직을 연결하기 위해서 많은 도움을 받았습니다. 저는 첫날 모의면접 영상을 촬영하면서 깜짝 놀랐습니다. 부모님께서 말씀하시던 부분을 김수진 강사님이 정확하게 짚어주셔서 짧은 시간에도 이렇게 특징들이 나타나는 것을 알게 되었습니다. 특히, 저는 평소 목소리가 작고 아기 같은 목소리를 가지고 있어서 고치기 힘들었습니다. 하지만 강사님은 고치는 것에 그치지 않고 개선할 수 있는 방법을 알려주셔서 비음을 고칠 수 있었습니다. 또, 평소에 횡설수설 말하는 습관을 키워드로 정리해서 말할 수 있는 방법을 익히게 되었습니다.

제일 좋았던 점은 밤낮 상관없이, 주말에도 공부하다가 모르는 부분을 물어보면 바로 연락을 주셨습니다. 수업 시간뿐만 아니라 시간 외에도 항상 수업처럼 꼼꼼하게 신경 써주시고, 수업 시간보다 더 많이 시간을 초과해가면서 내 일처럼 열심히 해주시는 강사님에게 감사함을 느꼈습니다. 주말에도 연락드리고 그랬는데... 지금 생각해 보면 죄송합니다. 그리고 수업 때 합격해서 공무원교육원에서 보자고 말씀해 주셨는데, 실제로 신규자 과정에서 김수진 강사님께서 공직자 스피치 특강에 오셔서 진짜 좋았습니다. 실제로 공무원 면접뿐만 아니라, 공무원교육원에서 공무원을 대상으로 강의를 하신다는 점에서 더 좋은 점이 있습니다.

김수진 강사님을 보면 진짜 열정, 카리스마라는 단어로 설명될 만큼 저 또한 수업을 받으면서 자신감이 많이 생기고, 열정적인 모습으로 면접에 임해서 좋은 결과를 얻을 수 있었습니다.
김수진 강사님 감사합니다.

부록

경찰 공무원 면접 합격 인터뷰 01

자기소개

안녕하세요. 저는 2020년 2차 광주청 합격자입니다.

면접 준비를 어떻게 했나요?

저는 최종 불합격을 두 번 했었습니다. 첫 번째 때는 거의 딱 1배수였지만, 면접에서 너무 솔직하게 답변해서 저의 단점까지 얘기해버렸습니다. 두 번째는 높은 등수였지만, 답변이 너무 추상적이었고, 비언어(표정)가 부족해서 최종 불합격했습니다. 그동안 면접 지도를 받고 싶었는데, 2019년에 광주청에 합격한 친구가 김수진 강사님께 수업을 받고 합격했다고 해서 추천받아 들어오게 되었습니다.

'이것만큼은 꼭 준비하고 가!'라고 당부해 주고 싶은 것이 있나요?

총 3번 면접을 본 제 경험으로서는 면접은 내용보다 태도가 중요하다고 느꼈습니다.

다들 답변하는 내용은 비슷하기 때문에 내용으로 면접을 뒤집고 합격하는 것은 엄청 힘들다고 생각합니다. 실제 집단토론도 다들 논거가 비슷합니다. 남들과 차별화를 두기 위해서는 적극적으로 손을 들고, 내 생각을 자신 있게 전달하는 태도가 중요한 것 같습니다. 그래서 저는 자신 있게, 평소 선생님과 연습한 대로 하자는 마음가짐으로 면접에 임했습니다. 면접장 분위기가 좋지 않아도 씩씩하게 웃으면서 여유를 가지고 답변한다면 좋은 결과를 얻을 수 있다고 생각합니다.

김수진 강사에게 배워서 좋았던 점은?

자기소개나 지원 동기를 면접에 맞게 피드백 해주셔서 면접관분들께 자기소개 때부터 좋은 이미지를 보여드릴 수 있었습니다. 모의면접 시 카메라로 촬영하고 촬영본을 메일로 보내주셔서 제 모습을 제대로 확인하고 부족한 부분을 고칠 수 있었습니다. 본 수업 이외 다른 날짜에도 추가적으로 면접을 봐주시며 피드백을 해주셨고, 열정적으로 가르쳐주셔서 내용적으로 많은 도움이 됐습니다. 또, 실제 면접에서도 유사한 질문을 많이 받았습니다.

다른 강사님에게 수업을 받아봤지만, 김수진 강사님은 자세나 비언어를 더 신경 쓰게 하셨고, 저 또한 고치려고 많이 노력했습니다. 김수진 선생님, 감사합니다.

경찰 공무원 면접 합격 인터뷰 02

안녕하세요? 저는 이번 2020년도 순경공채 전남청 최종 합격자입니다!

저는 면접에서 제가 모르는 형법이나 형사소송법, 경찰학개론에 관해 물어볼까 두려웠고 비법자(3과목 모두 비법)인데 1배수가 넘은 환산이라는 점에서 두려웠습니다.

하지만 김수진 강사님께서 단체면접, 개인면접을 다 봐주시고 특히나 걸음걸이, 발음, 표정, 시선처리, 노크하는 방법, 답변에 대한 하나하나 피드백을 다 달아주시고 자기소개와 지원 동기도 잘 다듬어주시면서 정말 하루하루 달라져갔습니다!

수업 시간은 2시간이었지만 항상 2시간 30분 동안 열정적으로 가르쳐주셨습니다.(정말 매일 2시간 30분 또는 그 이상의 시간으로 수업을 해주셨습니다!)

정말 수험생 한 명 한 명에게 관심과 애정을 갖고 수업해주시는 김수진 선생님! 그리고 다른 학원과 달리 매일매일 1 대 1 면접, 단체면접을 봐주시면서 피드백 해주셨습니다!

그 결과 저는 이번 2020년 2차 순경 공채에 최종 합격할 뿐만 아니라 환산을 완전히 뒤집고 들어가 1차 입교 대상자가 되었습니다. 이번 시험에서 보셨듯이 이제 정말 환산 순이 아니라는 것과 면접의 중요성을 알게 되었다고 생각합니다.

면접 전에 두렵고 답답했던 저를 생각하면서 다른 분들께도 도움이 되었으면 해서 진심을 담아 작성해 봅니다. 열심히 하시는 모든 분들께 가장 좋은 결과가 있기를 바랍니다. 긴 글 읽어주셔서 감사합니다!

부록

공무원 면접 평가 요소

구분	내용	아니다	보통이다	그렇다
첫인상	열정적으로 눈을 맞추며 인사했는가?	1	2	3
	당당한 목소리로 말했는가?	1	2	3
	면접관에게 호감 있는 이미지로 표출했는가?	1	2	3
언어적	두괄식으로 먼저 말하고 이유를 말했는가?	1	2	3
	에피소드가 구체적이고 다양한가?	1	2	3
	문장이 짧았는가? (말이 간결했는가?)	1	2	3
	줄임말 또는 올바른 단어 선택을 했는가?	1	2	3
	결과, 느낀 점, 포부까지 말했는가?	1	2	3
비언어	발성을 통해 자신감 있는 목소리였나?	1	2	3
	입을 크게 움직였는가?	1	2	3
	호흡조절을 통해 말의 속도는 적절했는가?	1	2	3
	천천히 또박또박 말했는가?	1	2	3
	말끝을 명확하게 했는가?	1	2	3
	눈빛은 맑고, 정확하게 7초 이상 아이콘택트 했는가?	1	2	3
	윗니가 고루 보일 정도로 이야기를 하는가?	1	2	3
	대답할 때 7초 이상 골고루 아이콘택트 하는가?	1	2	3
마무리	마지막까지 흔들림이 없었는가?	1	2	3
	정중하게 인사하고 나왔는가?	1	2	3
	좋은 기운을 전달하고 왔는가?	1	2	3
	본인이 면접관이라면 자신을 뽑을 것인가?	1	2	3
총점	총 20개 문항